丛书编委会

主　任　刘继南

委　员（按姓氏笔画排列）
　　　　山红红　马延军　王迎军　王温凤
　　　　许学峰　李晓华　杨旭东　邹晓巧
　　　　闵惠泉　张李玺　张秀琴　陈乃芳
　　　　陈维嘉　郑晓静　秦　和　高晓虹

中外女性领导力研究丛书

中国当代传媒杰出女性领导力研究

熊皇 著

中国传媒大学 出版社
·北京·

图书在版编目(CIP)数据

中国当代传媒杰出女性领导力研究/熊皇著.--北京:中国传媒大学出版社,2024.6
ISBN 978-7-5657-3092-4

Ⅰ.①中… Ⅱ.①熊… Ⅲ.①传播媒介－女性－领导能力－研究－中国 Ⅳ.①G219.2 ②K828.5

中国版本图书馆 CIP 数据核字(2021)第 234113 号

中国当代传媒杰出女性领导力研究
ZHONGGUO DANGDAI CHUANMEI JIECHU NIUXING LINGDAOLI YANJIU

著　　者	熊　皇
策划编辑	李水仙
责任编辑	姜颖昳　李水仙　蒋　倩
特约编辑	李明远
封扉设计	大鹏设计
责任印制	李志鹏

出版发行	中国传媒大学出版社			
社　　址	北京市朝阳区定福庄东街1号	邮　编	100024	
电　　话	86-10-65450528　65450532	传　真	65779405	
网　　址	http://cucp.cuc.edu.cn			
经　　销	全国新华书店			
印　　刷	唐山玺诚印务有限公司			
开　　本	710mm×1000mm　1/16			
印　　张	13.75			
字　　数	194 千字			
版　　次	2024 年 6 月第 1 版			
印　　次	2024 年 6 月第 1 次印刷			
书　　号	ISBN 978-7-5657-3092-4/G·3092	定　价	79.00 元	

本社法律顾问:北京嘉润律师事务所　郭建平

总　序

吴启迪

本套丛书系教育部哲学社会科学研究重大攻关项目"高等教育大众化与媒介融合时代菁英女性培养与领导力提升研究"（项目号：15JZDW002）的成果。

20世纪90年代以来，国际社会呼吁性别议题和性别关切应该纳入社会发展主流，借此改变人类文明进程。1995年在北京举行的联合国第四次世界妇女大会上明确提出"社会性别主流化"的行动纲领。这一行动纲领具有长期的指导意义，是引领人类性别文明的"亚历山大灯塔"。"社会性别主流化"意味着：在社会实践或研究领域洞悉性别问题，作为原因、作为交织影响或作为结果；在法规政策制定和实施中确立性别支持框架，作为顶层设计、作为微观透视或作为合法性论证；在媒体呈现报道里规避性别污名化或复制性别歧视偏见，作为议程设置、作为新闻人价值立场或作为普遍的职业操守。社会性别主流化自然亟待全社会的努力，但从吁求到行动，及至落地生根，都离不开精英女性作为先行者的探索和开拓，作为"光源"的引导和辐射。精英女性的培养和领导力提升，是性别平等事业新历史节点的关键所在。

高等教育大众化及至普及化时代，女性在各行各业的领导力呈现，成为性别平等的新表征。自2006年起,世界经济论坛每年发布《全球性别差距报告》,从经济机会、政治赋权、教育成就、健康和生存四个维度对全球不同国家的性别差距状况进行衡量。根据世界经济论坛发布的报告(2020),教育成就以及健康和生存两个子指数分别为96%和97%,基本实现了性别平等;经济机会、政治赋权两项指数分别为58%和25%,这说明女性经济参与机会不充分,政治参与严重不足。历史地看,经济与政治指数仍然是历史进步和积极干预的结果,醒目的数据也让世人更直观地了解并审视"性别差距",严肃对待并改变造成性别差距的政策、环境和无形的习惯。

性别差距未被纳入视野,甚或性别平等尚未成为议题的漫长历史阶段,我们可以称之为领导力的性别缺失时代,不言自明,这时领导力等于男性领导力,领导力在概念内涵上意味着单一性别即男性的领导本质和特征;这时无论是领导力的经验采撷还是理论探讨,都受制于单调而畸形的性别光谱。本套丛书既从理论上探索女性领导力的实质内涵和本质特征,发掘女性和领导力相遇的丰富思想空间,也关注精英女性实践所焕发、闪烁的新领导力精神、新领导力文化,同时关切媒介环境变迁中女性活跃的生活世界,"她时代"的新气象和女性面临的新问题。此外,本套丛书还特别关注女性领导力生成机制和社会支持网络。研究表明,在侧重性别培养的教育机构中,性别赋权取得了更显著的成就,其思想火种也更可能随之传播出去,而女性继续教育亟待持续规划和系统政策支持。

性别问题在世界不同地方、不同领域呈现出各自的紧迫性和重点,有的在为性别机会均等努力,在漫长的学制中教育机会均等也呈现出差异图景;有的或重心落在性别平等在不同领域的差异上,如聚焦女性参政情况、学术领域的隐性性别歧视等;比较一致和普遍的关切是在整个职业生涯中女性发展有形的掣肘和无形的障碍,这方面的政策缺位格外突出。研究还关注国际组织的女性发展政策、欧洲女性参政的光谱、中国传媒领域精英女性领导力、教育领域中女大学生的成长等问题。伴随新科技塑造的媒介环境,女性日常生活变迁和积极表现是世人瞩目的议题,因而也被纳入丛书研究的视野。

本套丛书围绕精英女性培养和女性领导力提升展开,需要申明的是,性别意识不仅仅是女性教育或女性领导力培养需要特别关注的。隐含或隐藏的性别偏见、性别歧视对两性都造成了困扰和伤害,即使是在充满男性优势地位的世界里,真正的性别及其人格担当也并没有建立起来。男性、男孩的教育也应该贯穿于整个学制中,而现实往往是既缺乏女性教育,又缺乏男性教育。教育是要构造未来世界的,性别意识、性别议题应该首先与教育制度、教育文化相融合。基于性别的自我理解、同情理解、相互理解之愿景和实践,将引领我们走向新世界和新文明。

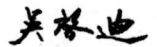

目 录

绪　论 ·· 001
　第一节　研究背景及研究意义 ·· 001
　第二节　研究思路与研究方法 ·· 005

第一章　相关概念界定及研究综述 ·· 010
　第一节　新时代传媒女性领导力相关概念 ·· 010
　第二节　相关研究综述 ·· 018

第二章　新时代融合媒体环境下的传媒业女性领导力特征分析 ································ 031
　第一节　文献回顾：女性领导力特征研究成果 ·· 031
　第二节　实践理性：作为剖析传媒业女性领导力的理论依据 ·· 036
　第三节　质性研究：传媒业女性在媒介融合环境下职业晋升的
　　　　　实践理性分析 ·· 038
　第四节　概念验证：对四大概念特征的验证分析 ·· 049
　第五节　研究结论：融合媒体环境下传媒业女性领导力的四大特征 ······························ 057

第三章　当代传媒业女性领导力现状分析 ———————————— 064

第一节　国际传媒业女性领导力现状 ———————————— 064

第二节　当代传媒业女性领导力的机遇与挑战 ———————— 069

第三节　当代传媒业女性领导力面临的阻碍 ————————— 077

第四节　当代传媒业女性领导力提升的路径选择 ——————— 084

第四章　当代传媒业女性领导力提升的影响因素分析 ———— 089

第一节　个人因素：个人专业与能力的限度 ————————— 089

第二节　家庭因素：支撑或羁绊 —————————————— 097

第三节　组织因素：提升的关键 —————————————— 104

第四节　社会因素：隐藏的因子 —————————————— 109

第五章　当代传媒业女性领导力提升的实践路径 —————— 118

第一节　案例一：敬一丹 ————————————————— 119

第二节　案例二：黄文 —————————————————— 132

第三节　当代传媒业女性领导力提升的实践路径 ——————— 142

附件一：黄文深度访谈案例 ———————————————— 155

附件二：深度访谈代表案例：S —————————————— 182

绪 论

第一节 研究背景及研究意义

一、研究背景

随着全球经济的发展,各类组织的领导环境不断发生着日新月异的变化,尤其是知识、信息时代的到来,更使得各行各业面临着时代特有的内外部挑战。改革开放以来,在我国社会转型、经济发展与政治逐渐开放的特殊背景下,我国传媒体制改革呈现出鲜明的"中国特色"的改革脉络,从党报(台)体制到"事业单位,企业化管理",再借文化体制改革进入"分类管理、转企改制"阶段①。我国传媒市场已从改革开放初期的近乎不具规模,上升至2019年的2.26万亿元②,除早期的报刊、电视、图书等以外,网络影音、游戏,动漫产业、电

---

① 殷琦.1978年以来中国传媒体制改革观念演进的过程与机制——以"市场化"为中心的考察[J].新闻与传播研究,2017,24(2):104-117,128.
② 陈妙然.传媒各领域"视频化""直播化"趋势明显[N/OL].中国新闻出版广电报,2020-08-31.

视产业、电影产业等均被纳入我国传媒产业的重要组成部分。随着我国传媒产业的快速发展及外部市场环境日趋复杂,传媒企业面对的外部风险亦不断加大,而传统模式下以男性占绝对领导地位的管理层视角,对全面评估企业突发性风险无疑过于单一,女性领导者在管理上独特的语言、社交、思维、耐力等使其在管理事务中的优势愈加显现。由此,提高女性领导者数量,加强管理层多样性,提升企业管理的柔韧性已成为企业发展的大趋势。在此背景下,我国大批优秀传媒人才,尤其是优秀女性传媒人才不断凸显,许多杰出女性以其独特的领导魅力和卓越的工作成就在不同传媒领域发挥着日益重要的领导作用。

从整个人类社会发展进程上来看,一场关于追求性别平权的社会理论与政治运动——女权主义,亦不断随人类文明及思想的进步进入快速发展期,消除性别定型观念,争取为女性创造与男性平等的教育和职业机会等话题愈加在社会各界受到聚焦和热议。尤其是 20 世纪 80 年代以来,全球化发展在世界范围内日益凸显,在经历了货物与资本的跨国流动及全球化持续的深入发展后,各国家、地区、民族之间也不断在政治、经济、文化、生活方式、价值理念、意识形态等领域碰撞、冲突与融合,关于女性权益的关注亦随之进入快速发展阶段。从女性自身发展来看,其受教育权的显著提升,使得许多女性对自身职业的发展产生了更高期许和追求,即她们逐渐拥有了进入领导层、决策层的自信和决心,亦逐渐培养了不亚于男性的管理能力。从家庭结构来看,因全球经济不确定性持续提升,人们的生活成本不断升高,仅靠一人养家的家庭结构已难以维持生计,夫妻双方同在职场、共担风险已经成为大势所趋。随着更多的女性进入职场,关于其职业发展、晋升等的探讨亦不断被各界聚焦。女性对自身职业地位的追求,也令人才市场竞争加剧,促使职业人士不断提升自身能力和绩效表现来应对愈加激烈的竞争,随之,女性择业就业保障、女性领导者的领导风格及领导方法等逐渐被各界聚焦。就此,关于女性领导力的研究亦呈现出相应的勃发之姿,作为领导理论研究领域的一个重要研究主题,女性领导力持续受到领导科学、人力资源开发等学科的关注,也不断被女权主义理论施加影响,关于其的研究逐渐成为显学。

二、研究意义

改革开放以来,尤其是互联网信息技术快速发展以来,我国传媒业在不断的改革与发展中,取得了有目共睹的显著成就。传媒功能及业态、传播渠道及内容等均从单一向多元不断升级,传播者亦日趋多元且受众本位逐渐在传媒内容及产品研发中占据主导地位。但即便如此,我国传媒产业无论是在盈利能力、业态模式,还是在产业发展上仍与发达国家有较大差距,敏锐洞悉市场发展趋势、及时捕捉产业演进方向已成为传媒人才,尤其是传媒相关行业管理者、决策者的必备素养之一。而从此角度出发,女性或柔性气质特有的同情心、善解人意、敏感等,则与男性或刚性气质特征的有野心、有竞争心、个性强、果断等,形成可促进产业持续发展、演进互补的优势。因此,对我国杰出传媒女性及其领导力开展深入分析研究,在理论和实践层面都具有十分重要的意义。

从理论层面,关于领导力的研究多以领导为基础开展,领导特质、领导模式、领导行为、领导权变、领导风格等成为早期研究者的重点关注内容,如何通过对这些要素的分析提升领导效果成为不少研究者致力的方向。这种模式下的领导力,多依附于以男性为中心的权力关系之中,其中往往隐含着关系从属与等级划分,即以"领导者"和"被领导者"身份展现"男性中心"的思维与价值观。① 20世纪末,女性领导力开始随全球经济大发展引发人们的关注与重视,整个国际社会和不少国家都将保障女性权益、关注女性发展等议题纳入政治

---

① 中国国际民间组织合作促进会.女性领导社会性别启蒙教材[M].西安:西北大学出版社,2008,34-37.

议程之中。从相关研究来看,女性领导力的特点、构成、影响因素及女性领导力提升路径等重要内容成为学界对女性领导力的研究核心。虽然随着女性领导者不断涌现于人类社会的各个舞台中,关于女性领导力的研究已延伸至女性主义、领导学、管理学、心理学等多种理论之中,并已经产生了不少研究成果。但我们也必须认识到,在市场经济飞速发展的今天,与时俱进的领导能力以及多元、多样的领导风格仍是使各企业、各类产业及相关行政机关始终保持自身先进性与进步性的重要推动因素之一。以辩证唯物主义视角来看,客观世界的发展与进步,通常会产生新的理论需求,而理论的创新与发展也会指导实践发展。新时期领导力相关理论,必须坚持发展创新,紧跟时代步伐,强化危机感和问题意识,具备极强的指引性和强大的推动力,才能为企业发展、社会进步持续注入动力。因此,以传媒女性领导力为重点研究对象,对其相关概念、展现特征、发展现状、影响因素、提升路径等开展深入研究,将有助于女性主义、领导学等相关理论的丰富和建设。

从实践层面,首先是我国传媒行业面临着社会主要矛盾已发生变化,互联网时代全面到来,全媒体、融媒体深入推进等复杂现状,作为精神文化产品的持续输出行业,传媒人才及相关领导者如何更敏锐地洞察市场演进方向、挖掘用户深层需求显得尤为迫切。更为积极、开放、有效的领导力的释放,对于优化我国传媒人才队伍结构,挖掘和培养全媒体人才、主流媒体人才都具有十分重要的战略意义。而传媒人才队伍的优化,不仅能为我国传媒行业自身的发展与进步提供长效动力,也对讲好中国故事、传递中国声音,在全球话语格局中提升我国信息传播能力,更好地向世界展现开放、包容、自信、友好的中国国家形象尤为重要。其次,就女性权益发展进程来看,至 2020 年 9 月 4 日,距第四次妇女问题世界会议发布《北京宣言》和《行动纲领》已过去整整 25 年。然而,联合国妇女署近期发布的题为 *A New Era for Girls: Taking Stock on 25 Years of Progress for Girls* 的报告显示,全球妇女事业进步仍不容乐观,在经济上对女性赋权、减少针对女性暴力等方面鲜有改善。① 大量调查结果亦表明,无论是在政治领域,还是在经济和教育领域,管理层中女性比例均较低,高层也较少。McKinsey 与 LeanIn 共同发布的《女性职场报告 2018》亦显示,职场中初级职位的男女比例分别约为 52% 和 48%;而中层管理者中,男女比例则分别为 62% 和 38%;到高层管理者,女性比例更是下降,2018 年财富 500 强企业中,仅有 24 位女 CEO,占比约 4.8%。同样由 McKinsey 及 LeanIn 共同发布的《女性职场报告 2020》更是显示,新冠病毒大流行以来,职场女性离职率远高于男性,若这些女性被迫离开工作岗位,势必会导致领导层中女性人数进一步下降。就此来看,关于女性领导力相关研究的开展,仍是保障女性权益和推进性别平等的重要一环。

第二节 研究思路与研究方法

本研究围绕中国当代传媒史上杰出女性及其领导力这一目标开展论述,主要运用文献研究法、比较分析法、案例分析法、深度访谈法等方法,对当下我国杰出传媒女性及其领导力特征、现状、影响因素等开展探讨,并基于新时代人才发展观对传媒女性领导力提升的实践路径进行分析。

一、研究思路

本研究以我国传媒女性领导力相关概念、特征、现状为基础开展,在对其影响因素深入分析后,基于新时代人才发展观背景,对我国传媒女性领导力的提升路径予以深度探析。围绕此研究目的,本研究从领导力、新时代融合媒体、新时代人才发展观、杰出传媒女性领导者深度访谈等方面进行了铺垫性研

---

① UNICEF,UN women and plan international.a new era for girls:taking stock on 25 years of progress for girls[R].New York:United Nations,2020.

究,并在分析的基础上进行逻辑推演,得出相应研究结论。

(一)研究思路与分析路线

本研究重点解决三个方面的问题:一是传媒女性领导力及相关概念的界定、特征、发展现状,二是当代传媒女性领导力提升的影响因素分析,三是新时代人才发展观视野下传媒女性领导力提升的实践路径。围绕研究核心及相关探索思路,本研究大致遵从以下研究路径:在查阅诸多文献的基础上,对融合媒体、新时代人才发展观、领导力、女性领导力、传媒女性领导力等诸多概念予以辨析,并结合当下我国媒体融合发展趋势及现状深入分析融合媒体环境下传媒女性领导力的特征、发展现状及相关影响因素,对当代传媒女性领导力的提升提出针对性实践路径。为此,本研究用半年左右时间,通过深度访谈、不定期观察和收集图文资料等形式,以22位中国媒体机构在职传媒女性为关注对象,深入搜集相关一手资料作为本研究的原始数据资料。在职位分布上,22位在职传媒女性涵盖基层职工、中层干部和高层管理人员;在年龄分布上,她们包括60后、70后、80后和90后;在单位属性上,她们所在媒体机构分属于中央、地方及民营企业;在地域分布上,她们所在地区覆盖我国一、二、三线城市;在学历层次上,本科、硕士和博士均有涉及;在婚育情况上,未婚、已婚、已婚已育均有覆盖。

(二)研究重点与难点

本研究以融合媒体与新时代人才发展观为现实背景,探讨我国传媒女性领导力提升的实践路径。相关研究重点有:一是通过大量文献查阅和对比分析探究当代传媒女性领导力相关概念及发展现状,为后续研究的开展奠定了基础;二是在深度案例访谈及不定期参与式观察调研的基础上,通过对一手资料的归纳分析,对融合媒体环境下传媒女性领导力特征予以范畴化提炼;三是将访谈资料作为实证研究的基础,对传媒女性领导力特征进行概念验证并深入探究其制约影响因素;四是以新时代人才发展观为探讨背景,构建传媒女性领导力提升的实践路径。

基于上述分析过程与研究目的,本研究在具体实施中亦遇到了诸如理论分析、访谈对象选取和访谈资料获取、相关概念适用性及实践路径构建的可行性等方面的难点。针对这些难点,本研究采取了如下解决思路:一是构建具有针对性的问题分析方法。对于传媒女性领导力概念、特征及影响因素的探究,学界尚未形成统一定论,分析其共性,进而总结提炼出具有普遍意义的问题,是研究的难点之一。本研究采用总结和分析相结合的方式,将关于各领域女性领导力的相关研究进行总结对比,并结合具体考察资料,分析得出它们的共性,在此基础上分析出几种主要特征。二是明确访谈对象的选取与原始资料的搜集与运用。如何尽可能地将一手调研资料,以客观描述的方式做阐释、解释和判断,从微观角度关注传媒女性领导力的特征及影响因素,是本研究的另一大难点。研究通过尽可能使研究对象在年龄、地域、职级、婚育状况等属性上多维分布,且允许存在一定范围无效研究对象的形式,将一手资料进行全方位的阐释。三是基于研究的逻辑演绎和深度分析,构建具有可行性的传媒女性领导力提升实践路径。通过对多位杰出传媒女性的深度访谈,及与部分专家学者的沟通交流,在此基础上进行总结、提炼和升华,基于新时代人才发展观提出相应实践路径。

二、主要研究方法

研究方法是探寻事物内在的、本质的、稳定的属性及客观运行机制的手段和工具。作为展开科学研究基础的研究方法,决定了研究过程与研究结论是否具有科学逻辑。本研究在具体实施过程中,主要以定性研究方法为主开展实证研究。从传统媒体到新媒体,从单一媒介渠道到融合媒体,我国传媒行业的发展与变化可谓日新月异,而其中关于女性领导力的概念、特征、认知、影响、发展等亦有着不同呈现。通过文献、比较、个案、深度访谈等方法,不仅有助于分析传媒女性领导力的全貌,也有助于归纳出传媒女性领导力提升过程中所面对的具体影响因子。

(一)文献研究法

　　文献研究法是社会学科的基本研究方法之一,其核心是通过对与研究主题相关文献的系统整理和归纳,并在此基础上对其加以深入剖析,使研究免于与现有客观文献、资料、数据等既有成果偏离太多。本研究在开展过程中,首先对与领导力、女性领导力等相关主题的国内外系列研究报告、数据资料、论文、著作等进行了较为系统的分析和整理,以尽可能将本领域的研究现状和重点研究方向更为翔实、值观地呈现出来,这也十分便于我们掌握当前国内外女性领导力的研究概况并总结其一般性规律。也正是有了这一系列的准备与铺垫工作,本研究的核心主题才能在已有研究的基础上清晰呈现,这对本研究目标的达成也起到了重要作用。

(二)比较分析法

　　作为社会科学研究中较为常用的一种研究方法,比较研究的要义是将两个同质、相似或相反的对象进行比较,探索其异同,以准确认知事物的规律和本质。从操作方式来看,其可分为横向比较和纵向比较两种形式。前者是基于空间维度,对并存事物及其特性的对比分析;后者是从时间维度,对同一事物不同时期特性的对照比较。在领导、领导力、女性领导力发展和变化的各类要素,需对其前后随时代背景的变迁加以对照分析,对其在不同时期所受各类响因素更应加以深入探究。此外,各界对女性领导力的聚焦与时代变迁之间存在哪些深入关联,与男性领导力及全面而论的领导力存在哪些差异,传媒女性领导力相关概念及特质如何从这些关联及概念中提炼而出等,均需以多维比较分析将其深层机理剖解开来。

(三)案例分析法

　　案例分析法的使用主要是在研究开展过程中基于某一个(或少数几个)现

实案例,通过调研、考察案例的发展历程和成长经验,以对其特有及通用之处加以分析总结,并在此基础上得出更具广泛意义的启示或结论,以供各界参考。传媒女性领导力作为一个随时代不断演进的实践主体,案例分析对其是一个十分重要的分析方法。特别是自互联网快速发展以来,我国传媒行业的变化可谓日新月异,各产业之间相互交叠,关联千丝万缕,而基于此种技术、资本等要素的逼迫,早期的传媒女性及新时代传媒女性之间关于领导力的认知有何种不同认知,抑或是自身传媒女性领导者对自身领导力随时代变化的深切感受又有哪些,而这些认知具体表现在扎根传媒行业职业女性自身的价值观念和思想状态之中,如此有目的性、有代表性的选择一些具体传媒女性开展深度访谈便显得尤为重要。基于此逻辑下对于真实个案的分析和考察,亦能得出较有可信度的研究结论。

(四)深度访谈法

作为定性研究的一种,深度访谈是社会研究开展中常用的研究方式之一,简单来看,其实质上是一种以研究为目的的交谈和对话,通过与被访者的口头交流和引导而有意识的获取研究所需信息。本研究在开展过程中,亦根据研究重点,使用了半结构化深度访谈的方法,在访谈提纲部分,访谈人员依据本研究目的设计了如"您在职业晋升过程中遇到的困难,您是如何解决的?""您认为传媒女性领导力应该具备哪些特质?""媒体融合进程对您的媒体业务工作和领导管理工作分别有哪些影响?您是如何应对的?""面对未来的融合媒体及智能媒体,您认为我们女性从业者应从哪些方面去提升自己的领导力?"等系列问题;访谈过程中,访谈人员除记录与问题相关的具体文字内容,还会对被访者回答此问题时的神态、表情、语气语调等进行记录,且采用视频、图片等方式记录访谈过程,以增进对访谈活动的更深层认知;在访谈资料获取完毕后,研究人员又根据研究主题,将原始资料进行归纳与分类整理,通过深入分析得出相应的研究结论,抽取传媒女性领导力的主要特征。

第一章 相关概念界定及研究综述

第一节 新时代传媒女性领导力相关概念

一、领导、领导力及女性领导力

(一)领导

领导作为人类社会中一种较为普遍的社会现象,长期吸引着多学科研究者基于多理论研究视角对其进行的多样分析。现有研究中,关于领导的研究报告、杂志文章、书籍等不计其数,但其中关于领导的定义却也是众说纷纭,未有统一。据美国领导学者统计,目前基于研究者不同研究视角下对"领导"的理解及范畴的多元分析,全球关于"领导"的定义有350多种。如在豪斯看来,领导是一种激励别人在团体利益框架之内去实现个人利益的过程;[1]在伯纳德·巴斯看来,领导是组织工作的核心,是人的个人品质及其影响力。除此之

---

[1] 诺思豪斯.领导学:理论与实践[M].南京:江苏教育出版社,2002:321-323.

外,还有将领导视为一种为达到目标而发出指令和命令的行为,一种基于权力关系的与众不同的首领角色,一种施加影响使他人服从的艺术。① 大体来看,学者们关于领导的研究均包含两层含义:其一是指领导者,即组织中确定和实现组织目标的首领。在这一范畴下,"领导"一词被视为名词。其作为担任领导职务的具体个人,具有领袖、领导人、带头人等内涵,但凡是在某团体内担任一定领导工作的具体个人,均可以被统称为领导。其二是指管理工作的一部分,是一种管理职能,通过对"领导"职能的执行,领导应促使组织实现既定目标,使组织利益最大化。② 在这一范畴下,"领导"一词被视为动词,主要是指存在于一个组织系统中的领导活动,是领导者在一定的社会组织或团体内为实现具体目标而实施的一种高层次社会管理活动。

不难发现,无论是作为名词性质的领导者来看,还是作为动词性质的领导活动来看,"领导"都具有权威性、系统性、动态性等特质。就权威性来看,位于组织团体首领地位的领导者,如何将领导权威作用于领导者和被领导者的关系之中,反映了其自身的权力和威望,也体现了被领导者对其的认可和服从程度。从领导者自身来看,其高尚的人格魅力、高超的领导艺术、超强的专业素等,均与其权威性的塑造关联紧密;而从被领导者视角来看,则需要维护和服从领导权威。就系统性来看,领导者、被领导者、领导环境是此系统的组成要素。在这个组织系统中,领导者处于主导地位,其通过实施组织、决策、指挥、协调等指令以控制整个系统按照一定的目标运行;而被领导者作为领导活动的作用客体,其主要活动则是服从相应的协调安排、决策实施等具体执行性工作;领导环境则是独立于以上二者之外的客观存在,是影响领导活动各项因素的总和。就动态性来看,领导作为一个动态的行动过程,领导过程中的行动实

---

① BASS B M.Bass and Stogdil.5 handbook of leadership: theory, research, and managerial applications[M].(3rd Ed).New York:Free Press,1990:381.
② 林雁铭.我国女性领导风格研究[D].上海:复旦大学,2008.

施主体(领导者)、作用客体(被领导者)、客观环境(领导环境)等均对领导有效性起着相当程度的影响作用。而领导的有效性,则直接决定一个组织、团体能否按照既定目标持续运转,可否取得良好绩效,亦是保证组织产生良好业绩的决定性因素。

基于上述分析及本研究的内容指向和研究目的,本研究在开展过程中,将领导定义为:在具体的组织、团体中,领导者为实现一定的组织目标而实施的一种权威性、系统性、动态性行为过程。

(二)领导力

无论是宏观层面的国际组织、国家体系、社会团体,还是微观层面的家族系统、社群圈层等,都有领导现象存在,而领导力相关研究则是以与领导有关的研究为基础,并基于其概念内涵延伸而来。早期的领导力研究者,主要是将人的性格特征作为研究开展的核心要素,如领导者自身的性格特征、智力因素、人格魅力等。随着研究进程的进行,研究者们又陆续将领导环境、心理因素及组织目标等外部系统因素纳入与领导力相关的研究中。纵观既有的领导力相关研究,从传统模式下的领导特质理论、领导行为理论、领导权变理论,到新时期的 CPM 领导理论、魅力型领导理论、变革型领导理论等,不难发现,研究者们的关注重点逐渐从领导者自身的人格特征和行为风格等方面,扩展到整个组织、系统化的交互之中。而随此过程,学界关于领导力的研究亦逐渐系统化、全面化,领导力的特点、影响因素、重要作用等也随诸多研究成果愈发清晰起来。

作为人类社会最普遍的现象之一,领导力在人们的社会生活中较易被识别,人们亦普遍认为有效的领导力对组织运转及社会秩序的维持具有重要意义。而尽管关注领导力的文献贯穿东西方国家,关于其的研究成果也颇为丰厚,但不同学者对领导力做出的概念、定义仍各有千秋。

如 James Kouzes 和 Barry Posner 在其《领导力》(第3版)中将领导力定义

为"领导者如何激励被领导者自愿地在组织中做出卓越成就的能力"①；美国领导力和人际关系大师 John C. Maxwell 认为"领导力就是影响力——唯有能引发他人动力的领袖才能创造出动能"②；同样，美国领导力研究中心创始人 Paul Hersey 也表示，"领导力是对他人产生影响的过程，能成功影响他人的行为就是使用领导力，而领导他人也多是基于专业才能或个人魅力，而非单纯地依靠职位称呼"③；Karen Kimsey-House 和 Henry Kimsey-House 认为，领导力是一种具有创造力的责任，它包含内在领导者、幕前领导者、幕后领导者、幕旁领导者、场内领导者五个维度④；清华大学经济管理学院教授吴维库认为"领导力是关于如何成功领导的学问"⑤。

综合以上与领导力有关的概念不难发现，多数研究者都赞同，领导力是一种作用于组织间的特殊人际影响力，在领导力效用下，领导者和被领导者共同推动组织系统向既定目标前进，而领导者的人格特征、领导行为、被领导者的认知、客观环境等均会对此过程产生影响。

（三）女性领导力

女性领导的成长受多种复杂因素制约，这其中既有主观上的女性自身因素，也有历史、社会、文化等客观因素。大体来看，自资产阶级革命开始，西方女性主义运动已历时长达两个世纪之久，女性主义理论也随此运动沉浮，从追求形式上的"平等"到以"社会性别"探讨女性受压迫地位的根源，再到"公民资格"的提出，女性主义理论逐步走向成熟。⑥ 也正是随着过程的演进，一些女性开始以领导者的身份在社会各界发挥重要作用，由此也引发了西方学者关

---

① 董芳芳.我国本土企业女性领导力及影响因素的研究[D].杭州：浙江工商大学，2008.
② MAXWELL J C.领导力 21 法则[M].路卫军，等译.北京：中国青年出版社，2010：13-26.
③ 吕玉玲.西方女性领导力研究[D].汕头：汕头大学，2010.
④ KIMSEY-HOUSE K，KIMSEY-HOUSE H.共创领导力[M].孟冬梅，译.北京：金城出版社，2016：14-16.
⑤ 田秋芬.我国企业女性领导力提升研究[D].大连：大连海事大学，2013.
⑥ 吕玉玲.西方女性领导力研究[D].汕头：汕头大学，2010.

于女性领导者及相关理论的关注。一般来看,女性领导力相关概念的发展多建立在领导力概念的基础之上。从狭义上看,女性领导力即女性领导者的领导力;从广义上看,女性领导力的内涵则更为丰富,它摆脱了领导者必须为女性的限制,而是将领导力特征提炼为女性化或具备女性特质的领导风格或领导方式。

如有研究者认为,女性领导力的基本元素应包括核心专业技术能力、敏锐性、进取心、组织力和创造环境的能力等;[1]还有研究者以女性领导干部为关注对象,研究发现女性领导者在推进远景规划、不惧怕革新陈规、全神贯注于事业、将挑战转为契机、关注顾客的偏好等方面呈现出优秀的领导能力[2];美国学者 Warren Gamaliel Bennis 认为,女性领导能力是指注重远见、创新、战略、把握方向、变化,做正确的事情的能力,包括形成组织远景的能力,制定战略和目标的能力,建立组织文化的能力,建立制度和系统的能力等。[3] 苏·海华德在《女性领导力》一书中,以数十位女性的亲身经历为视角探讨了女性领导的技巧,而其中女性领导者除具备领导者应有的基本素质外,女性自身的性格魅力也颇受苏·海华德认可。[4] 不难发现,诸多研究似乎均有着同一个明确指向,即女性领导者在实施领导力的过程中,有着自身鲜明的性别特点和优势。如与于男性领导者的直接型和专制型领导风格相比较,女性领导者更倾向于主动参与型和民主型领导风格。在语言表达、亲和力、沟通协调等方面,及耐受力、意志力、敏感度等能力上,因更善用女性化、柔化的领导风格,也使得女性领导者的卓越性更易被发挥。

鉴于本研究主要以我国杰出传媒女性为研究案例,并以新时代融合媒体及人才发展观视角探讨其领导力的提升路径,故研究中所指的女性领导力均

---

[1] 刘桂花.女性领导者的领导魅力与领导风格研究[D].成都:四川大学,2005.
[2] 屠立霞.女干部行政领导能力及影响因素的结构分析[D].杭州:浙江大学,2003.
[3] 吕玉玲.西方女性领导力研究[D].汕头:汕头大学,2010.
[4] 方昕,徐保根.关于女性领导力在项目型组织中的研究[J].经济论坛,2008(19):110-112.

为狭义范畴的女性领导力。基于此前提,本研究将女性领导力的内涵定义为:女性领导者在特定的组织系统中开展领导活动时,运用自身人格魅力、性格特质、专业技能等带领组织成员实现组织目标效益最大化的综合能力。就传媒女性领导力而言,这种综合能力包括专业能力(传媒业务能力、新闻采编能力、产品设计能力等)、通用能力(团队协作能力、沟通表达能力、人际交往能力等)、管理能力和领导能力等。

二、媒体融合与新时代人才发展观

(一)媒体融合

自互联网革命以来,由计算机和网络技术组成的巨大信息网络对信息传播和媒体生态都产生了重大影响,而媒体融合也基于此背景不断被推向台前。从传统报刊、电视,到互联网、移动互联网、物联网,各类媒体间正愈加基于现代信息技术呈现出"你中有我,我中有你"之态势。从信息传播的技术手段,到媒体发挥的功能模式,再到内容分发的媒介渠道,互联网技术不断为媒体发展进行着颠覆性的革新。2020年9月底,中共中央办公厅、国务院办公厅印发《关于加快推进媒体深度融合发展的意见》,再从国家战略层面对媒体融合的重要意义、目标任务、工作原则等方面做了着重强调。[①]

回归到概念层面,媒体融合(或称媒介融合)最早的雏形由尼葛洛庞蒂基于"广播和动画业""印刷和出版业""电脑业"三个视角来描绘媒介技术、媒介形式、媒介经营的融合趋势。[②] 再往后,普尔提出"传播形态融合"的概念:媒

---

① 新华网.中共中央办公厅 国务院办公厅印发《关于加快推进媒体深度融合发展的意见》[EB/OL].(2020-09-26)[2023-10-12]. http://www.xinhuanet.com/2020-09/26/c_1126542716.htm.
② 费德勒.媒介形态变化:认识新媒介[M].北京:华夏出版社,2000:20-22.

体介质和形态的融合①。而后,随着信息技术的快速发展,媒体融合也不断被赋予新的内涵,如其可能还包括媒介内容、传播手段、媒介组织等结构要素。研究者们关于其的研究,也基于技术、媒体业务、媒介组织、媒介渠道等多个视角开展。如蔡雯从微观、中观、宏观和大传媒业四个视角,对媒体融合进行了系统梳理:媒体融合是指以数字技术、网络技术和电子通信技术为核心的科学技术的推动下,组成大媒体业的各产业组织在经济利益和社会需求的驱动下通过合作、并购和整合等手段,实现不同媒介形态的内容融合、传播渠道融合和媒介终端融合的过程。② 大体来看,媒体融合有两个维度的含义,从狭义上其主要指数字化时代新旧媒体在媒介形态、媒体功能、传输渠道等形式上的汇聚交融状态;从广义上,其则指向新技术背景下新旧媒体更深层次的延伸和渗透,包括内容生产、媒体影响力、媒体组织结构及媒体产权归属等的交互渗透。2014 年,《关于推动传统媒体和新兴媒体融合发展的指导意见》将媒体融合定义为"一场涉及思维、内容、组织和经营等方面的系统性的创新革命"③。而随着媒体融合的深度发展及互联网与我国社会的更深度融合,媒体之间、人与媒体、人与信息及人与人的关系都发生了深刻变化,其不仅要兼顾传播科技和传播范式,又要贴合我国当下特殊的社会文化和语境。如此,基于互联网的、由数字化和网络化激活的一种新的信息服务范式和新型传播生态便被不断倾注于媒体融合理念之中,④这也正是本研究所认可的新时代媒体融合理念。

(二)新时代人才发展观与传媒女性领导力及其内在联系

基于上述对媒体融合概念的解析和探讨不难发现,在多业态、多技术、多

---

① POOL I S. Technologies of freedom[M]. Cambridge, MA:Belknap/Harvard University Press,1983.
② 蔡雯,王学文.角度·视野·轨迹——试析有关"媒介融合"的研究[J].国际新闻界,2009(11):87-91.
③ 陈刚.数字逻辑与媒体融合[J].新闻大学,2016(2):100-106.
④ 李明海,董小玉.相融相生与关系重构:论媒体融合的进路与近路[J].现代传播,2017(1):15-18.

范式的融合媒体环境中,我国传媒行业也不断被推向加快革新的时代前列。而基于此背景,始终保持人才队伍的与时俱进与守正创新无疑显得十分紧要。近年,习近平总书记亦多次在全国组织工作会议上对做好人才工作提出明确要求,"加快实施人才强国战略,确立人才引领发展的战略地位,努力建设一支矢志爱国奉献、勇于创新创造的优秀人才队伍"成为习总书记最为关切的重点。这也告诉我们,立足国家战略层面持续推动传媒行业发展,加快促进媒体深度融合也必须以此为引领,并使之成为领导者革新思维方式、认识方法和行为风格的核心理念。此处所说的新时代人才发展观,即融合媒体时代以习近平人才发展理念为核心的传媒人才发展观。

  从国家层面看,新时代人才发展观为传媒女性领导力提升提供了新的环境。当前,我国经济发展继续向好,综合国力不断增强,国际地位不断提升,人才强国在国家战略中的地位愈发彰显。在人才引领发展理念下,人才培养、人才竞争的公正公平势必再被提上新高度,这对于面临领导力提升的传媒女性领导者无疑是一大发展契机,或许,随着越来越多的传媒女性领导走向前台、得到认可,传统文化及社会性别偏见为其带来的认同缺乏困境也将不断随之淡化。从传媒行业内部来看,新时代人才发展观为女性领导力提升提供了新思路。在互联网信息技术飞速发展的当下,传媒行业的变迁日新月异,而基于这一时代特色与时俱进、勇于创新则势必要成为女性领导力发展的核心要素。作为领导者,不仅要善于利用理论、制度、文化、科技等方面的先进成果,还要懂互联网制作、传播、运营、技术,并且要有责任有担当,懂经营善管理,作为女性领导者要树立终生学习的理念。也唯有在了解、熟知传媒新业态、发展新趋势的前提和基础之上,女性领导者才能充分了解和运用先进的科学技术成果及领导经验,在探索实践中提高作为领导者的创新能力、应变能力、协调能力·等,从本质上为自身领导力提升注入持续动力。此外,女性领导者作为领导群体中不可或缺的一部分,其领导地位和领导力的提升,也是有效贯彻新时代人才发展观的基础性保障。

第二节 相关研究综述

一直以来，各领域的领导者一直备受哲学家、政治家、历史学家和文学家的关注，而领导者尤其是杰出领导者出现的机缘，也曾是唯物史观与唯心史观长期争议的焦点，即究竟是时势造英雄还是英雄造时势。从此角度来看，早期人类社会关于领导者、杰出领导者尤其是伟人的探讨，往往以思辨层面的探讨为主，领导者特质、情境因素等均被纳入思辨范围之中。随着人类社会发展及女权运动的持续推进，有越来越多的女性领导者开始在各领域扮演关键角色，关于她们的研究也日益受到研究者瞩目，随此，关于女性领导力的研究亦呈不断上升趋势。本书通过对国内外相关文献全面考察后发现，国内外与之相关的研究各有所长，但其核心都聚焦女性领导力特质及其影响要素等方面。

一、关于领导力的相关研究

20世纪以来，学界有关领导力的研究变化十分清晰：自20世纪初重点关注的领导特质理论，到40年代着重探寻的领导行为理论，再到60年代不断探索的领导权变理论，及此后随经济全球化发展和组织变化衍生而来的CPM领导理论、魅力型领导理论、变革型领导理论等。而这一变化过程也展现了领导力研究从聚焦领导者个体，到关注领导者与整个组织、情景、系统相互作用、相互影响的演变逻辑。

（一）传统领导理论

传统模式下，学界关于领导理论的研究多基于西方文化背景开展，在这一阶段，西方学者大致从领导特质理论、领导行为理论、领导权变理论等维度开展相关研究。

1. 领导特质理论

领导特质理论以领导者自身人格特质为主要研究对象,研究者通过对领导者自身特质的深入分析,探讨其应该具备的一些性格特征、个人素质或品格特性。在20世纪早期的研究者们看来,领导的特质与生俱来,领导者与非领导者之间存在着个人素质、性格特征、品格特质等方面的差异,天生不具有领导特质的个体难以成为领导。基于这样的研究思路,这一时期的研究者坚持把领导者的个人特征作为重点研究对象,如其在个性、生理特征、社会交际能力、智力等方面与非领导者的异同,试图辨析什么样的个人特质才具备有效的领导力。具体如吉普的7种特质理论,斯托格狄尔的16种特性论,吉赛利的13种特性论,鲍莫尔的特性论等。领导特质理论研究者对早期的"天赋伟人"学说提出了质疑,在他们看来,领导特质是一种可以通过后天训练得以塑造的品质。尽管随着时代发展,领导特质理论亦呈现出突破之势,但其就其诸多研究结果来看,它并未实现最初的研究目的,即未能找到系列区分领导者与非领导者的显著人格特质差异。但是,领导特质理论也为人们尤其是想成为领导者的个体剖析了成为优秀领导者应该具备的个性特征及人格特质,甚至由 Peter G. Northouse 设计的领导特质问卷(Leadership T Rait Questionnaire,缩写为 LTQ),[1]还可以帮助一些有意向成为领导者的个体了解自身成为领导者的优缺点。

2. 领导行为理论

20世纪40年代至60年代中期,领导行为理论备受研究者关注,其最核心的理论假设是,领导行为对领导效能及组织目标具有较大影响,而领导效能则可通过后天的训练和塑造获得。基于这一理论假设,领导者如何领导、有何种

---

[1] NORTHOUSE P G.卓越的领导力:十种经典领导模式[M].王力行,等译.北京:中国轻工业出版社,2003.

领导行为,成为研究者的关注重点。早期的领导行为研究区分了专制型领导、民主型领导和放任型领导。[1] 在诸多的相关研究中,Kurt Lewin 的领导风格理论、领导四分图理论、管理方格理论、四型领导理论、领导系统理论等产生了较大影响。[2] 此外,领导行为描述问卷(Leader Behavior Description Questionnaire,LBDQ),将领导行为归纳为"结构"和"关怀"两个维度,[3]为此后的研究者开拓了新思路。总的来看,在领导行为理论的研究者们看来,领导大体由员工导向行为和任务导向行为两类行为维度构成,[4]其中,员工导向的领导注重人际关系,尊重下属意见;任务导向的领导注重目标实现,强调任务分工和部门职责。而领导行为理论的研究重点则是探索两类行为维度如何更好地结合,才能更有利于组织实现最大化既定目标。

3. 领导权变理论

与领导特质理论和领导行为理论的关注重点不同,领导权变理论将视线转向情境因素,如领导者个性、工作任务的性质、被领导者的期望、工作环境等对领导效果的影响。基于此,领导权变理论假定:领导的有效性依赖情境因素,且这些情境因素可以被分离出来。[5] 其中,影响力较大的研究成果有美国华盛顿大学教授、心理学家和管理学家 Fred E. Fiedler 的权变模型,Paul Hersey 的情境领导理论,多伦多大学的组织行为学教授 Robert House 最先提出的路径—目标理论,Victor Vroom 和 Phillip Yetton 提出的领导者参与模型等。这其中,Fred E Fiedler 将领导风格分为任务取向型(task oriented) 和员

---

[1] LEWIN K, RONALD L, WHITE R K. Patterns of aggressive behavior in experimentally created "social climates"[J].The journal of social psychology,1939,10:269-308.
[2] 董芳芳.我国本土企业女性领导力及影响因素的研究[D].杭州:浙江工商大学,2008.
[3] STOGDILL R M, COONS A E. Leader behavior: its description and measurement[M]. Columbus, OH: Ohio State University Press for Bureau of Business Research, 1957.
[4] 赵国祥.领导理论研究的现状与展望[J].河南大学学报(社会科学版),2009,49(3):133-138.
[5] ROBBINS S P, COULTER M.管理学[M].孙健民,等译.北京:中国人民大学出版社,2004.

工取向型(person oriented)两种相对的类型,他还依据领导权变模型设计出了最难共事者问卷(Least Preferred Co-worker,LPC),将领导者—成员关系,组织压力,任务结构,领导者职位权利4个情境设为变量,以测量领导者风格。这对探索最佳领导效果有十分明显的启示作用——当领导者的领导风格和情境匹配时,领导效果会达到最佳。在情境领导理论看来,领导者的任务行为和关系行为与员工工作成熟度的相互作用是影响领导有效性的重要因素。[1] 此外,路径-目标理论重点关注领导者激励和帮助员工达到组织指定目标的有效方式。[2] Graen等人提出的领导——成员交换理论(leader-member exchange theory,LMX),也是一种重要的领导权变理论。该理论认为领导力源于领导者与下属之间的关系,而不是领导者或者下属某一方面的特质。[3]

(二)新型领导理论

近年来,随着全球组织结构的变化和经济的快速发展,中西方关于领导理论的研究又产生了许多新变化。研究者们关于领导力的探索亦不断发展,其中比较典型的有魅力型领导理论、变革型领导理论、价值驱动型领导理论、CPM领导理论。

1. 魅力型领导理论和变革型领导理论

大体来看,魅力型领导和变革型领导都注重情感和价值对其的重要影响,如特质、行为、认知、情感等都是评价这两种领导理论的重要影响机制,这便使得其领导构成更加复杂。关于魅力型领导和变革型领导的相关研究最早出现于20世纪80年代早期,马克斯·韦伯关于组织魅力的关注,[4]及詹姆斯·麦

---

[1] 赵国祥.领导理论研究的现状与展望[J].河南大学学报(社会科学版),2009,49(3):133-138.
[2] HOUSE R.A path-goal theory of leade reffectiveness[J].Administrative science quarterly,1971(3).
[3] 李明,毛军权.领导力研究的理论评述[J].上海行政学院学报,2015,16(6):91-102.
[4] WEBER M.The theory of social and economic organizations[M].PARSONS T. New York:The Free Press,1947:25.

格雷戈·伯恩斯关于变革型领导的探讨为后来的研究者引领了道路。① 最初,"魅力"这一概念由马克斯·韦伯最先提出,即"charisma",指领导者对下属的一种天然的吸引力、感染力和影响力。由此,魅力型领导则可以被认为是领导者自身具有非凡品质、个人魅力、模范行为、高超能力等,这些能力可以激发组织成员的信心,有助于他们建立信任和信仰。罗伯特·豪斯(Robert House)用支配性、强烈感染、充满自信、具有强烈个人道德观感四个短语来定义魅力型领导。② 除此之外,被领导者的魅力认知,即被领导者基于对领导者行为的观察对其个人魅力的认可程度,也决定着一个领导者能否被真正视为魅力型领导。③

变革型领导的定义,最早由美国领导力和组织行为学者伯纳德·巴斯在詹姆斯·麦格雷戈·伯恩斯的研究基础上拟定而来,指通过让下属意识到所承担任务的重要意义,激发他们的高层次需要,建立互相信任的氛围,促使下属为了组织利益牺牲自己的利益,从而达到超出预期的目标。④ 作为一个向被领导者灌输思想和道德观念以激励他们工作的过程,变革型领导在施加作用时更加注重与被领导者的互动,因而,除物质激励外,变革型领导还关注对下属情感和成长的需要。巴斯等人将变革型领导归纳为三个关键性因素:由个人魅力、智力激励以及个人化考虑。⑤ 布鲁斯·阿沃利奥(Bruce Avolio)在其基础上将变革型领导行为的方式概括为理想化影响力(idealized influence)、鼓舞性激励(inspirational motivation)、智力激发(intellectual stimulation)、个

---

① BURNS J M.Leadership[M].New York:Harper & Row,1978:112.
② HOUSE R,HOWEII J.Personality and charismatic leadership[J].The leadership quarterly, 1992,3(2):81-108.
③ CONGER J A,KANUNGO R N.Toward a behavioral theory of charismatic leadership in organizational settings [J].Academy of management review, 1987,12(4):637-647.
④ BASS B M.Leadership and performance beyond expectations[M].New York:Free Press, 1985:126-131.
⑤ BURNS J M.Leadership[M].New York:Harper & Row,1978:38-39.

性化关怀(individualized consideration)四个方面,①具备这些因素的领导者通常具有强烈的价值观和职业理想,他们能成功地激励员工超越个人利益,为了团队的伟大目标相互合作,共同奋斗。

2. 基于价值观的领导理论

随着人类社会及组织内部对文化关注的逐渐加深,领导者个人的价值理念、道德观念等逐渐受到研究者们的关注。基于此种理念,20世纪90年代中期,罗伯特·豪斯等人提出了基于价值观的领导理论(value based leadership theory)。其主要观点认为,领导者通过和下属共同承担一种强烈的、明确的组织愿景规划,向组织和工作注入自己的价值观,以唤醒下属对组织和组织愿景规划的强烈认同,从而激励组织所有成员发挥最大效能,以提升组织成员的自我价值并完成组织目标。② 这其中,伦理型领导、精神性领导以及真诚型领等新兴的领导理论受关注较多。

伦理型领导指领导者通过设置伦理规范和愿景,以个人行为和人际互动影响员工的伦理行为及组织决策,从而有效地达成组织目标。在这一过程中,伦理是领导者的领导力来源,如何为下属提供道德指导是其最为核心的关注点。除此以外,领导者自身的角色榜样、信念、道德、品行等也可以对被领导者施加影响。③ 相较而言,精神型领导理论更注重将领导者个人的价值观、态度和领导方式等精神特质纳入领导效能的影响因素之中。"领导者和被领导者之间能产生精神层面的共鸣"是其重要理念之一,在这种共鸣之中,领导渴望产生影响力,被领导者希望得到欣赏的精神需求被挖掘出来。一般而言,基于

---

① BASS B M,AVOLIO B J.Improving organizational ffectiveness through transformational leadership[M].California: Sage,1994:96.
② 赵国祥.领导理论研究的现状与展望[J].河南大学学报(社会科学版),2009,49(3):133-138.
③ BROWN M E,TREVINO L K.Ethical leadership: a review and future directions[J].The leadership quarterly,2006,17(6):595-616.

此逻辑下生成的组织文化,对增强组织内成员的组织认同感,进而提升其工作效率,更好地达成组织目标和远景都具有重要意义。真诚型领导主要以个体的价值观和信仰为前提开展领导工作,领导者和被领导者之间"关系真诚"是其关注的核心。而基于这种"真诚关系"产生的影响,不仅作用于组织内部,可能还会对社会产生更为积极的正向效应。究其缘由,阿沃利奥等人的研究显示,真诚型领导以一种角色榜样的方式建立了领导影响力,而这种影响力不仅能够激发下属的认同感,而且能提升下属的信任度、激发下属的积极的情感和乐观主义精神[①]。

3. CPM 领导理论

CPM 领导理论是我国学者凌文辁在日本社会心理学家三隅二不二的 PM 理论基础之上提出的。PM 理论与美国学者的研究相似,即将领导者的行为方式分为任务导向型(performance-directed,P 型)与人际关系导向型(maintenance-directed,M 型)两种。在这一研究基础上,凌文辁等人在对我国领导行为开展研究时发现,受文化和价值观影响,领导个人的品德因素也备受组织关注。基于这一特殊情况,研究者们在 PM 理论的基础之上,将领导者个人品德,即 C 因素(character and morals)纳入已有研究,开创了基于中国特殊文化背景的 CPM 理论。在 CPM 理论看来,中国的领导者必须处理好 C、P、M 三者的关系,才有可能最大限度地发挥领导效能。后续关于 CPM 领导理论的研究也显示,领导者的个人品德对下属行为态度产生的影响最大,且在目标导向(P)、人际关系导向(M)影响下属态度的过程中,个人品德(C)发挥着增强型的调节作用。[②]

---

① AVOLIO B J, GARDNER W L, WALUMBWA F O, et al. Unlocking the mask: a look at the process by whichauthentic leaders impact follower attitudes and behavior[J]. The leadership quarterly,2004,15(6):801-823.
② 李明,凌文辁,柳士顺.CPM 领导理论三因素动力机制的情境模拟实验研究[J].南开管理评论,2013(2):16-25.

（三）文献述评

从已有研究来看，现有关于领导力的分析基本涉及领导者、被领导者、二者之间的互动及领导环境四个方面。其中，领导特质理论注重"天赋伟人"学说，强调领导自身的特质或优秀品质会产生自然的影响力和号召力，后续与之相关的研究则逐渐将组织关系、领导环境等外在因素纳入研究范畴，为领导力的解释拓展了更为宽泛的评价框架。但是就传统的领导理论来看，其研究仍被限制在静态视角的描述及分析层面，而没有关注领导力的实施实则作用于一个动态变化的系统之中，如员工态度、政策因素、市场环境等。新型领导理论下，CPM领导理论将领导者个人的道德素质纳入了领导力的关键影响要素，这相较于此前任务导向、人际关系导向的领导理论无疑具有重大突破性意义，而直到20余年后，西方学界才将领导者品行、道德等纳入领导理论的相关研究，如基于价值观的领导理论中的伦理型领导、真诚型领导等。虽然已有研究对领导力及相关理论的发展极具洞察力与启发性，但当面临现实情况，尤其是面对日新月异的组织变化时，每种指导理论又显得各有各的局限性。因此，在经济全球化、企业愈发国际化的当下，及时跟进相关研究，为女性的领导力培养及实践提供更为系统且具有指导意义的参考则显得尤为关键。

二、关于女性领导力的相关研究

就现有研究来看，女性领导力已成为领导力研究及女性领导研究的重要领域，其中女性领导风格及特征、男女领导风格及领导力差异、女性领导力发展障碍、女性领导力开发及提升等问题已成为学界关于女性领导力研究的重点。

（一）女性领导者风格及特征

美国社会心理学家科特特·扎待克·勒温（Kurt Zadek Lewin）最早提出了领导力的三种风格：民主型（democratic）、专制型（autocratic）、放任型

(laissez-faire)。20 世纪 90 年代,萨莉·海尔格森(Sally Helgesen)正式提出女性领导风格的概念,他的《女性优势:女性的领导方式》(The Female Advantage: Women' Ways of Leadership)一书,被认为是关于女性领导力研究的第一本书。她在书中指出了许多女性领导者的特质,如高度重视女性领导力、注重沟通技巧、重视领导环境和人际关系、工作有条不紊等[1]。此后,不少学者都加入了女性领导力的研究。如我国学者研究显示,女性管理者风格主要有"树立良好典范、关心员工需要、鼓励员工思考、提倡绩效薪酬、强调员工道德操守"等,体现为一种更具有人性化的、情感型的专有模式。[2] 一般来说,在民主型、专制型、放任型三种领导风格中,女性领导者更倾向于民主型领导风格,这也使得其在施行领导过程中更加注重沟通协调、更善用柔化管理、更关注自身与组织成员之间融洽的人际关系等。在我国语境中,还有不少研究者基于具体身份职业视角,如女干部、女企业家、女校长等,对女性领导力开展了研究。如有研究称,女干部领导能力分为三个层次:基础层由调查研究能力、哲学思维能力、心理承受能力和调适能力、与异性合作共事能力构成;中间层由预测决策能力、社会活动能力、知人善任能力、指导基层工作能力、应变适应能力构成;最高层由开拓创新能力构成。[3] 除此以外,还有研究基于女性化领导力视角展开探讨,如有研究者认为,核心专业技术能力、敏锐性、进取心、组织力和创造环境的能力等是女性领导力的核心,而随着组织管理不断革新,女性化领导风格或许将越来越成为趋势。[4] 而从生理及性格特征来看,女性

---

[1] JAIN S. The pitfalls & imperatives of evaluating women's leadership[EB/OL].(2019-08-09)[2023-07-12].https://www.physiciansweekly.com/the-pitfalls-imperatives-of-evaluating-womens-leadership/.
[2] 刘盛花.基于卓越领导力模型的女性管理者领导力提升策略[D].长春:东北师范大学,2017:9.
[3] 叶忠海.中国女领导人才成长和开发研究[M].上海:上海科学技术文献出版社,2000:32-36.
[4] 童兆颖.女性领导力和柔性化管理[J].领导科学,2004(20).

又往往被认为具有直觉敏锐、精打细算、性格细腻、善于关怀、有奉献精神、内心坚韧等性别特质优势,①这种更为柔性化的特质亦逐渐成为现今领导力的演进方向之一,而这种趋势对女性管理者发挥自身领导优势也必将更为有利。②

(二) 男女领导力风格及差异

在早期的研究中,关于领导风格的差异多区分为"任务导向型"和"人际关系导向型"。在此基础上,大量调研结果显示,领导力风格具有男女性别式差异,一般来看,男性领导力风格更倾向于"任务导向型",更偏于专断;女性领导力风格则更倾向于"人际关系导向型",更注重民主,92%的对比分析都显示女性更倾向于采取民主型或参与型的领导力风格。③朱迪·B.罗森纳(Judy B. Rosener)在《女性领导之路》(*Ways Women Lead*)一文中也表示,男性在领导过程中更倾向于使用组织所赋予的职位权力;而女性则更倾向于将领导权力来源归属于个人魅力、专业能力及人际关系。④回归我国相关研究来看,不少研究者会选择以从政人员、企业家为主要研究对象,从男女领导者个性及动机等视角探析两性领导风格的差异。如有学者认为女性领导特质中的善于表达、情感丰富、易于沟通等,与男性领导特质中的控制、权威、果断等有着显著区别。⑤但大体来看,虽然我国与相关的研究在对象选择和研究方法上不尽相同,但就研究结论来看,我国学界亦多肯定女性领导者的"民主型"领导风格,而基于民主的女性领导风格也被多位学者认可,认为其更符合当前的组织管理需要。不过,也有研究者对两性领导风格和差异持怀疑态度,在他们看

---

① 聂志毅.女性的职业优势与领导力[J].学术界,2010(3).
② 周丽.基于领导力柔性化趋势的女性管理者领导力开发[J].科学导报,2015(14).
③ EAGLY A, MAKHIJANI M, KLONSKY B. Gender and the evaluation of leaders: a metaanalysis[J].Psychological bulletin,1992(1):233-256.
④ ROSENER J B. Ways women lead[J/OL].Harvard business review home,2020(9):7 [2023-07-22].https://hbr.org/1990/11/ways-women-lead.
⑤ 白露.我国女性领导力:研究现状与未来趋势[J].江苏理工学院学报,2014,20(3):62-68.

来,以性别差异解释领导力差异缺乏严谨的理论依据,而不同文化、教育背景,成长环境等诸多外在要素可能也是导致两性领导力差异的重要因素。① 我国研究者秦秀清、张琦也认为,性别对领导力差异并无显著影响,不同文化背景下的衡量标准差异才是领导力风格不同的根源。②

(三)女性领导力发展障碍

尽管当下女性在各行各业发挥的作用愈发不可替代,国际社会及不少国家亦不断从政治层面制定诸多政策和倡议维护女性在职场的权益,但就社会现状来看,女性在职业发展和晋升过程中,仍面临"玻璃天花板"的阻碍。美国创新领导中心《领导力发展手册》对男女晋升路径的差别做出了解释,其中将社会规范、习俗、他人期待等列为女性晋升障碍。③ 皮特·G. 诺思豪斯(Peter G. Northouse)将关于女性晋升障碍的研究结果简要划分为组织障碍、人际障碍和个人障碍三类。④ 在我国,有研究者用"水泥墙——玻璃天花板——迷宫"这样的形容来描述女性领导力发展路径,对女性领导力发展做了十分形象的解释。⑤ 大体来看,我国与之相关的研究仍面临诺思豪斯划分的组织、人际和个人三类障碍。如有研究者指出,歧视性的组织运行机制常导致女性受到不公正的对待,导致"男性孤岛"的局面产生;⑥组织的过度保护行为间接导致中层女性管理者难以得到历练及管理经验的积累,从而影响其领导力的提升。⑦ 从人际障碍层面看,社会文化、性别歧视、女性成见、固有意识等因素是造成"雇主歧视"的主要原因,尤其是在传统"男尊女卑"的封建观念下,女性往往被赋予家庭角色而不是社会角色。如郑鹏等表示,"社会性别化的文化教

---

① 王伟华.女性领导力研究评述[J].领导科学,2010(26):30-32.
② 秦秀清,张琦.包容性发展理念下的女性领导力提升研究[J].社会研究,2012(1):53-54.
③ 麦考利.领导力发展手册:第二版[M].翁文艳,译.上海:上海人民出版社,2008:72.
④ 诺思豪斯.领导学:理论与实践[M].南京:江苏教育出版社,2002:145-150.
⑤ 白露.我国女性领导力:研究现状与未来趋势[J].江苏理工学院学报,2014,20(3):62-68.
⑥ 白旭辉.现代女性领导力的特点和发展现状[J].人口与经济,2011(增刊):46-48.
⑦ 陈许亚,张丽华.女性领导力开发的困境及对策[J]女性领导,2010(12):44-46.

育,形成了属于女性或男性的气质和角色的差异,进而造成他们在经济、社会文化中的作用和机会上存在差异"[①]。从女性个体角度出发,基于性别层面的女性特质,如相较男性更为优柔寡断、性格更柔弱等被认为是阻碍其领导力发展的主要弱势。

(四)女性领导力开发及提升

关于女性领导力开发及提升的相关研究,往往建立在女性领导力发展障碍之上,基于这一逻辑,研究者们往往会在分析关键障碍要素后,对女性领导力开发和提升提出针对性策略和建议。如诺思豪斯基于组织、人际、个体三个维度对女性领导力提升进行了模式总结;[②]卡利建议女性在人际交往中对他人更加热情;[③]巴斯认为女性领导需要学习与男性领导的相处之道并在同性中发展工作圈子,在行事和着装上也应更像一个管理者等。[④] 我国与之相关的研究亦多从社会、组织、个人视角开展策略性建议,如应完善社会对女性的支持和保障、组织应为女性事业发展提供空间、女性应努力提升自我[⑤]。也有研究者表示,"保障女性领导的相关制度,涉及多种权力的博弈和相关因素的整合,需要政策的支持和制度的推动,需要深层的文化反省和社会性别意识的自觉,更需要社会的全方位关注和支持"[⑥]。但总体来看,国内外关于女性领导力开发及提升的相关研究均未脱离社会、组织、个体三个维度。

(五)文献述评

综合以上分析可见,当前学界对女性领导力的相关研究仍以西方学术界

[①] 郑鹏,陈栋,王金圣.浅谈女性管理者领导力的提升[J].福建论坛:社科教育版,2009(8):35-37.
[②] 诺思豪斯.领导学:理论与实践[M].吴荣先,等译.南京:江苏教育出版社,2002:152-153.
[③] CARLI L L.Gender and social influence[J].Journal of social issues,2001(57).
[④] BASS B M,STOGDILL R M. Handbook of leadership theory, research, and managerial applications[M]. The Free Press,1990:39.
[⑤] 刘慧琴.女性领导力的提升机制研究——基于SWOT分析[J].铜陵职业技术学院学报,2011(3):42.
[⑥] 孙宏.女性领导发展中的困境与突破[J].宁波党校学报,2008(1):83-87.

为主导,虽然我国现有研究也有少量基于人物身份视角开展的研究,但其研究思路和框架仍未能完全摆脱西方现有的理论基础。但是我们也可以发现,在研究风格上,国外鲜有基于身份、职业等对女性领导者予以区分的情况,而是多从整体视角整合女性领导者、女性领导力等相关概念,以归纳研究思路为主。国内基于女干部、女企业家、女校长等职位开展的研究则更倾向于演绎的方式,而此类研究无疑也对女性领导力的研究做出了一些贡献。但值得警惕的是,现有研究仍存在一些美中不足之处:第一,缺乏更为广泛的研究视角。就现有研究来看,当前关于女性领导力提升的探讨,仍多基于社会学、管理学、领导学等学科展开,对于女性领导力的分析也多是描述性、分析性的解析,而关于消解女性领导力提升"玻璃天花板"的重要路径——终生学习,却未被纳入已有研究中。延续这一思路,将人力资源开发、继续教育、终生学习等相关理念引入女性领导力开发及提升,就显得尤为重要。第二,研究对象缺乏代表性。我国目前以某一领域女性领导者为对象开展的相关研究,仍多局限在政府、大型企业(如上市企业)等大型组织的范畴,从而使得相关结论大同小异,缺乏更广泛的普及意义。而从社会现实来看,在组织维度上的政府机关、事业单位、国有企业、中小企业,在地域维度上的城市及偏远地区,在身份特质上的婚育状况、年龄层次、教育背景等,都有女性领导者的存在。此外,不少研究者在开展分析时仍未能完全脱离旁观者视角,这无疑令相关研究对女性带有强烈的偏见。如此对比之下,更加凸显了本书对深度访谈内容进行质化分析的重要意义。

第二章 新时代融合媒体环境下的传媒业女性领导力特征分析

随着国家媒体融合发展战略的深入推进,传媒业无论是在其内部内容生产方式、组织机构管理等实践层面,还是在传媒产业外部的市场化竞争环境层面,均面临着技术导向和市场导向的产业变革与转型。传媒女性作为实践个体,终将被裹挟进媒体融合的战略转型大潮中,并在具体的实践中将自我能力调整到与组织变革的需要相匹配,逐步找到实现自我价值的渠道与方法。在此过程中,我们将探析传媒女性领导力的特征变化,力求在动态的实践理性中,抽取相对静态的传媒女性领导力特征概念,以深入理解中国当代传媒女性领导力的内涵与外延。

第一节 文献回顾:女性领导力特征研究成果

目前,虽然少有对传媒业女性领导力特征的研究成果,但我们认为,对于用性别来划分的女性领导力的特征,其本身具备一定的概括性,从女性领导力特征的研究成果,我们可以知晓传媒女性领导力的一些普遍性特征,从而把握传媒女性领导力在一般性和广度上的特征。

需要注意的是,我们要先区分女性领导特质和女性领导力特征。女性领导力特征是总结女性领导群体在实践过程中表现出来的群体性特性的概念化结果,它来源于女性领导,并与女性领导特质相关联,但又区别于女性领导特质。从实践主体来看,女性领导力的实践主体既可以是女性,也可以是男性,而女性领导的实践主体均为女性。从这个意义上说,女性领导力特征相对于女性领导特质并不具有那么强的女性性别(gender)特征,但仍与其有千丝万缕的关联。因此,我们有必要先对女性领导特质的相关内容有所了解。

一、女性领导特质

特质(trait)指针对个体而言的显著特征,它非常个人化。① 本书认为,女性领导特质源于女性特质,主要指女性在生理和心理上的客观特征,以及在社会性别文化背景的作用下,女性领导者在实践工作中所表现出来的一些显著的个人化特征。从生理上看,女性体现的雌性激素具有缓解压力的功效,使得女性相较于男性更具韧劲和耐心;从心理和情感上看,女性具有亲社会的心理特质,这使得女性在领导管理工作中更具亲和力和同情心。② 而从思维方式上看,相比男性,女性似乎更善于进行经验思维和形象思维、直觉思维,不太善于进行理论思维。③

领导特质理论(Trait Theory)是用于研究领导者特质的主要理论,传统型特质理论④领导特质理论倾向于认为领导者特质主要来源于生理遗传,是与生俱来的;而现代型特质理论认为领导者特质并非先天的,而是在后天的实践

---

① 罗瑟尔,阿川.领导力教程——理论、应用与技能培养:第三版[M].史锐,杨玉明,译.北京:清华大学出版社,2008:32.
② 魏鸿.女性领导特质及领导力转型[J].领导科学,2015(16):46-48.
③ 王毅平.浅议女性领导的思维方式[J].理论学刊,1999(2):3-5.
④ 该理论认为领导者的特质源于生理遗传,是天生的,且领导者只有具备这些特质才能成为有效的领导者。该理论盛行于20世纪早期,但随着20世纪中期行为主义社会科学研究范式的兴起,它逐渐被人们质疑。

中形成的,是可以通过训练培养出来的。虽然传统型特质理论被后来的行动主义研究学者证明过于狭隘和静态,[1]但在对女性领导特质的研究中,是有必要关注其生理特性的,主要关注女性生理特性所延伸出来的社会性别文化对女性领导特质的影响。另外,领导特质理论虽然已有大量相关成果,但研究发现,准确而被广泛接受的领导特质还是很难从社会环境中提取出来,我们甚至无法从领导特质理论中总结出一个准确的领导特质清单。[2] 海尔格森(Helgesen,1995)曾总结女性领导在实践工作中的特质:工作步调有规律;更愿意通过沟通去关心、帮助他人;会留出部分时间从事工作以外的活动;能够积极参与到工作之外的社会情境中;向周围环境分享信息。[3] 这种分散的女性领导特质描述或许有助于研究者认识她们作为女性领导的行为方式,但在概述女性领导特质方面有所欠缺。台湾学者黄丽蓉(1996)将女性领导的特质归纳为五个方面:领导风格偏向互动性,组织能力具有包容性,思考方式全面而多元,善于对下属授权和建立团队,重视员工的教育与成长。[4] 许美娜(2008)则从基本素质和领导能力两个方面总结了女性领导的特质:从生理素质角度她们更具坚韧性,从心理素质角度她们更积极乐观,从情感素质角度她们更具亲和力,从道德素质角度她们更注重伦理关怀;从思维能力角度她们更精于细节,从学习能力角度她们更善于接受和记忆,从决策能力角度她们偏向运用直觉经验,从组织能力角度她们注重沟通和协作,从激励能力角度他们更善于情感激励。[5] 方昕和徐保根(2008)将女性领导特质形容为母性、开放和

---

[1] STOGDILL R M. Personal factors associated with leadership: a survey of the literature[J]. J psychol,1948,25:35-71.
[2] 诺思豪斯等.领导学:理论与实践:第2版[M].吴荣先,等译.南京:江苏教育出版社,2002:9.
[3] HELGESEN S. The female advantage: the method of leadership[M].NewYork:Doubleday,1995:50.
[4] 许一.女性领导理论述评[J].当代经济管理,2007(4):18-23.
[5] 许美娜.我国女性领导者的特质及其发展[D].长春:吉林大学,2008.

外向、感性的思维和丰富的言语、细腻与稳健,并认为具有亲和力与直觉性是其领导特质的优点,而情绪化和过于感性则是不足之处。①

二、女性领导力特征

最初,一些研究者将性别和性别角色因素引入对领导力的研究,②以探讨其对领导者的影响。相关研究结果显示,"双重性格"似乎更适合变革型领导,且具有"女人味儿"特征的领导力更为高效。③ 研究者对男性和女性典型的描述性特征进行分析之后,发现女性领导的特征更贴合现代社会变革型领导的行为方式。④ 最新的理论研究也越来越趋向于认同管理行为"女性化"。⑤ 对此,学者普遍认同女性领导力在领导者行为研究中呈现出相对优势的观点,并进一步探讨了背后的原因,试图挖掘女性领导力的本质特征。国外多数学者通过行为研究和心理学分析发现,女性领导力特征中一个比较明显的要素是女性领导者更善于建立对下属的信任感,她们关心下属的个人情况及家庭情况,⑥并为他们提供职业安全感、职业发展方向和试错的机会,⑦从而可以产生

---

① 方昕,徐保根.关于女性领导力在项目型组织中的研究[J].经济论坛,2008(19):110-112.
② KENT R L,MOSS S E. Effects of sex and gender role on leader emergence[J]. The academy of management journal,1994,37(5):1335-1346.
③ KARK R,WAISMEL-MANOR,SHAMIR B. Does valuing androgyny and femininity lead to a female advantage? The relationship between gender-role, transformational leadership and identification[J]. The leadership quarterly,2012,23(3):620-640.
④ EAGLY A H,JOHANNSEN-SCHMIDT M C.The leadership styles of women and men [J]. Journal of social issues,2001,57(4):781-797.
⑤ DUEHR E E,BONO J E. Men, women, and managers: are stereotypes finally changing? [J]. Personnel psychology,2006,59(4):815-846.
⑥ FARH J L, CHENG B S. A cultural analysis of paternalistic leadership in Chinese organizations[J]. Management and organizations in the Chinese context.2000:84-127.
⑦ FARH J L, LIANG J, CHOU L F, et al. Paternalistic leadership in Chinese organizations:research progress and future research directions. Leadership and Management in China: Philosophies, Theories, and Practices . Cambridge University Press. 2008. p. 171-205.

一种积极的"追随者信任"的结果,即女性领导者更易对下属的行为产生积极影响[1]。在这个过程中,下属获得了高质量完成工作任务的自信心和动力,女性领导的关心和鼓励也刺激了下属的创造力,[2]使他们有信心去挑战高难度的工作。这种良性的互动循环结果是,下属会更加努力、认真地去完成工作任务,女性领导也会表现出更好的领导效能。

从女性领导的行为评价和成长规律的角度发出,国内学者也对女性领导力特征做了诸多探讨。蒋莱(2010)从精神分析、人格心理、领导风格和伦理取向等多个维度剖析了女性领导力的特征。[3] 从行为意义上说,女性领导力潜在的喻义是指带有"女性技巧"或"女性特征"的领导行为,因此需要对其进行优势研究。周敏(2011)认为,在时代发展的背景下,真正的领导力关乎"人格魅力、团队建设和内在情感",领导学理论从偏重特质、行为转向偏重变革也在印证这一观点,21世纪女性领导力特征可以总结为柔性领导、人本领导和共享领导。[4] 戴馨霆(2015)认同柔性领导与女性领导力之间的"暧昧关系",中国传统文化当中的"上善若水"和"以柔克刚"佐证了这一点。戴馨霆将女性领导力特征总结为四点:非理性思考与判断的直觉性、基于特殊社交技巧与热情的合群性、非独断决策的人性化领导,以及双极端领导(女性和男性的两级)特例的极端化。[5] 史洁慧(2015)认为,女性领导力特征更接近变革型领导的行为风格,她结合中国传统文化,将女性领导力特征总结为领导魅

---

[1] CHENG B S, HUANG MP, CHOU L F. Paternalistic leadership and its effectiveness: evidence from Chinese organizational teams[J]. Journal of psychology in Chinese societies,2002,3(1).
[2] BASS B M, AVOLIO B J. Transformational leadership development: manual for the multifactor leadership questionnaire[M]. Consulting Psychologists Press, 1990.
[3] 蒋莱.多维视野下的女性领导力特征分析[J].领导科学,2010(14):33-35.
[4] 周敏.女性领导力的特征及其喻义[J].山西师大学报(社会科学版),2011,38(5):120-123.
[5] 戴馨霆.柔性领导视野下的女性领导力发展研究[D].沈阳:辽宁师范大学,2015.

力、激励、智能启发、个性化关怀和道德管理,①并认为这些特征对团队氛围有积极的影响。②

第二节 实践理性:作为剖析传媒业女性领导力的理论依据

"实践理性"的概念来源于德国古典主义哲学家康德对理性概念的划分。他认为,纯粹理性才是人类唯一的理性。③ 而纯粹理性可以分为揭示事物"本来面目"的"理论理性"和揭示人与外部世界"应该如何做"的"实践理性"。④ 实践理性又被康德称为"纯粹实践理性",它是一种离开自然界必然性的、指导人的道德行为走向至善的主观思维能力。康德还指出,实践理性是一种更高的理性,它作为解答人类与外部世界关系"应该如何做"的一种观念掌握,要高于仅以认识事物"本来面目"为目的的理论理性,是人类通过实践主观掌握外部世界的最高形式。⑤ 相对于个体而言,虽然实践理性反映的是个体在实践中的行动理性,但其仍然会表现出"家庭相似性"(Family Resemblance)。⑥ 也就是说,虽然个体因其不同的实践经验和认知方式导致其在实践理性上有所差异,但在相同的社会环境和职业背景下,个人的行动理性仍然会反映出所属领域内的群体相似性。⑦ 在当代中国传媒行业中,领导力作为一种在社会实

---

① 史洁慧.女性领导力特质、团队氛围与员工绩效研究[D].北京:首都对外经济贸易大学,2015.
② 范黎波,杨金海,史洁慧.女性领导力特质对员工绩效的影响研究——基于团队氛围的中介效应[J].南京审计大学学报,2017,14(4):34-43.
③ KANT. Grounding for the Metaphysics of Morals[M].Hachett Publishing Company,1993:4.
④ 王炳书.实践理性辨析[J].武汉大学学报(人文科学版),2001(3):270-275.
⑤ 康德.实践理性批判[M].北京:商务印书馆,1960:124.
⑥ WITTGENSTEIN L. Philosophical investigations [M].Oxford: Blackwell, 1953:184.
⑦ 魏戈,陈向明.中国社会文化视角下大学教师的实践理性研究[J].教育学报,2013,9(4):83-90.

践(组织管理工作)中以目标为导向的综合实践能力,牢牢掌控着组织的使命,并通过各种或直接或间接的组织管理形式规定着组织"应该如何做",以期达成组织的使命。

在媒介融合发展的社会情境下,当代中国在职传媒女性面临职业晋升困扰、能力"转型"和工作角色"转换"等各类问题,个体面对的工作环境利益冲突复杂。一方面,她们在实践工作中要面对转型调整中的传统媒体体制下的职业晋升问题。在国家媒体融合发展战略的指引下,各传统媒体机构正在将主要精力聚焦于如何调整组织内部内容生产方式和绩效考核机制等问题上,以适应新媒体传播环境,增强媒体机构的新媒体内容生产力。然而,在我国,对于大部分体制内的传媒机构,由于其员工职业晋升机制受制于行政体制,导致员工绩效考核机制与职业晋升机制难以有效衔接,进而影响了媒体机构的生产活力,员工的新媒体内容生产业绩与其职业晋升之间产生了内在冲突,对当前的在职传媒女性造成了职业晋升的困扰。另一方面,她们又要适应新媒体传播环境下不断升级迭代的内容生产方式和组织工作环境。新媒体传播环境下,她们不再是只要利用自身单一的新闻采编技能认真做好份内的"记者工作"就可以了,她们需要掌握视频剪辑、手机视频拍摄、网络化语言叙事等能力,甚至需要掌握和了解无人机、GoPro等摄影摄像器材的使用并具备用它们进行新闻叙事的能力。她们也不再是个人"作战",而往往是以"工作室"团队的方式一起去创作新媒体产品。相比以往,她们需要学习的不单是如何用互联网思维去制作新媒体产品,还有在新的组织架构环境中如何与团队一起协作完成相关工作任务。对于在职传媒女性的具体实践个体而言,在实际工作情境中面临较为复杂的利益冲突和困境抉择时,需要她们在"实践理性"中平衡并处理自身及自身与他者的各种利益冲突,以达成在职业晋升和媒体融合大潮流中的"实践自觉"。基于此,本书通过对中国当代在职传媒女性的实践理性表征分析,进一步揭示了传媒女性群体的一些共同行动特征,进而在更大范围内探析了传媒女性领导力的主要特征。

第三节 质性研究：传媒业女性在媒介融合环境下职业晋升的实践理性分析

本书主要对中国媒体机构的在职女性群体进行质性研究，聚焦于研究传媒女性在媒介融合环境下职业晋升的实践理性，力求较为深刻地揭示媒介融合环境下传媒女性领导力的主要特征。

一、研究问题

本书的基本假设是，将传媒女性权衡与处理职业晋升中的冲突和矛盾的方式作为其实践理性的外在表现形式，而职业晋升是传媒女性领导力的充分非必要条件，实践理性的外在表征能够反映出传媒女性领导力的主要特征。因此，从实践理性分析的角度出发，本书将问题的主要关注点放在"传媒女性在媒介融合环境下如何权衡与处理职业晋升过程中的各种冲突和矛盾"，对"冲突和矛盾"的"权衡与处理"，能够从思想和行动两个层面全面反映传媒女性的实践理性，进而令我们可以透视传媒女性实践理性背后的传媒女性领导力的主要特征。

基于此，本书提出以下两个关联性问题：第一，媒体转型的大环境下，职业女性是如何权衡和处理职业晋升过程的各种冲突和矛盾的？第二，职业女性这种行为的实践理性又反映出媒介融合环境下传媒女性领导力的哪些特征？这两个问题逐步递进，结合职业晋升和传媒女性领导力的条件关系，从个体的实践中分析和提取实践理性的外在表征，阐释媒介融合环境下传媒女性领导力的主要特征表现。

二、研究方法

为深刻揭示中国当代传媒女性在职场晋升过程中的实践理性,本书主要采用质性研究方法。质性研究倾向于纵向研究范式,注重研究的过程与情境,它以时间为轴线,以访谈、观察、图文等作为资料来源,采用描述的方式作出阐述、解释和判断,[①]从微观角度关注"人的全貌",并在研究过程中不断作出主观反应。具体到本书,将选取具有代表性的媒介融合背景下的在职传媒女性进行有针对性的访谈研究与观察,再根据研究主题,将原始资料进行归纳与分类整理(编码),进一步分析得出相应的研究结论,抽取出传媒女性领导力的主要特征。

本书的资料分析方法主要采用分析归纳法和连续比较法。主要的做法是,通过对收集到的原始资料进行编码归类和深度分析,从中分析归纳出传媒女性领导力特征表现的相关概念,同时在收集的访谈实录、观察实录和图文资料之间进行资料数据的来回验证、抽取与扩展,进一步核实、调整相关概念的准确性与适用性,从而抽取出本书的相关核心概念。具体来讲,就是在对原始资料进行归类与分析整理方面,本书主要采用三级编码分析流程图的方式,聚焦媒介融合环境下传媒女性职场晋升的实践理性这一研究主题,从原始资料的开放式编码(一级编码)、初级概念类聚的关联式编码(二级编码),到与研究主题强关联的选择性编码(三级编码),再通过多次证明的连续比较,最终得出概念化研究结果(如图2-1)。三级编码分析遵循渐进式的"漏斗模型",从全面而广泛的原始资料中,根据研究主题的多维度属性,逐渐缩小范围,直至概念范畴饱和[②]。

---

① 李慧.论质性研究方法的特殊价值[J].大学教育科学,2011(6):82-85.
② 陈向明.扎根理论的思路和方法[J].教育研究与实验,1999(4):3-5.

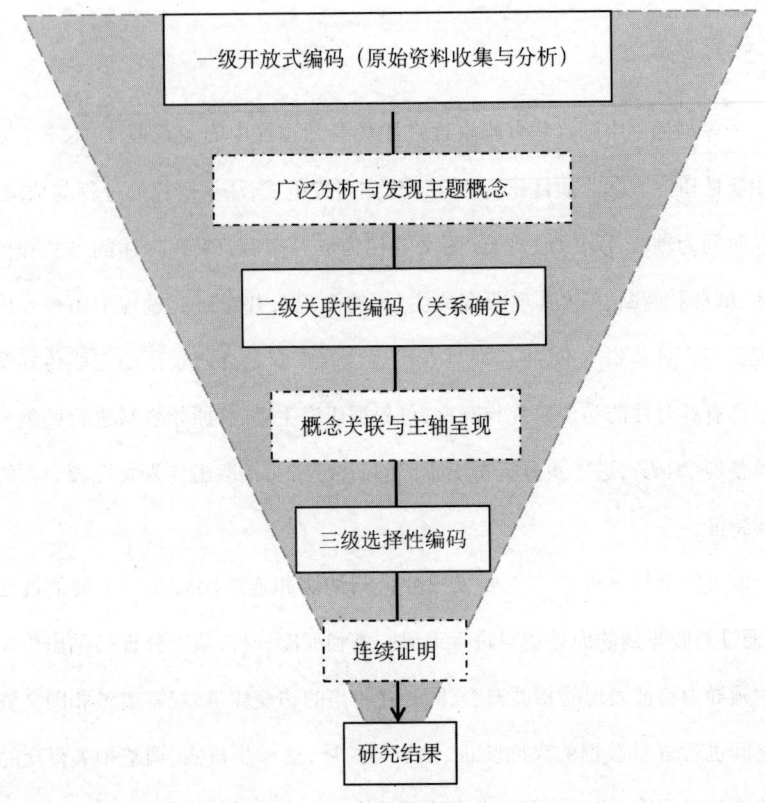

图 2-1　三级编码分析流程图

(一) 一级编码

一级编码又称开放式编码,是指在收集的广泛资料中发现并界定概念或属性的过程。这些概念或属性可能与研究主题无直接相关性,也可能与研究主题直接有关,它们是"漏斗模型"过滤的第一步,旨在将原始资料属性化(或称概念化),将范围缩小,并在一定程度上呈现出与研究主题本身相关的概念群。

(二) 二级编码

二级编码即关联性编码,又称主轴编码,其作用主要是根据各类关联关系,将开放式编码的概念进行类聚。这些关系包括但不限于语义关系、情境关系、相似关系、因果关系和功能关系等。二级编码将概念进行类聚的价值在于通过分类能更全面准确地解释所研究的主题现象,对现象的分析也更加深入。

(三)三级编码

三级编码即选择性编码,又称核心编码。该过程旨在挖掘研究主题的核心概念,并将核心概念与之前的编码进行系统性联系与"叙事",以阐述主题现象的来龙去脉,进而形成一个与研究主题相关的初步理论模型(概念)。

(四)连续验证

在形成初步理论模型之后,需要通过一部分原始数据对其进行验证,以证明其理论的饱和性。该过程将理论框架来回运用于那部分用来验证的原始资料中并连续进行对比分析,以证明概念已被高度提炼化,理论模型也有较高的饱和度。

三、研究对象选择

目前,中国媒体融合的重点发展对象已经从中央、省级传媒集团转向广大的县级融媒体中心。[①] 为使研究对象在时间、空间和职级等维度做到典型、可操作,我们选取了22位中国媒体机构的在职女性,涵盖传媒女性基层职工、中层干部和高层管理人员,年龄分布包括60后、70后、80后和90后,她们所在的媒体机构属性和级别涵盖了中央、地方及民营,所在地区覆盖中国一、二、三线城市,她们的学历覆盖了本科、硕士和博士三个层次,有三分之一的女性未婚,三分之二女性已婚,并有四分之一女性已经是职场妈妈。在编码分析环节,研究对象将以大写字母(A、B、C、D、E、F、G……)代表。另外,由于外部不可预测因素,我们将允许存在15%以内的无效研究对象,即1—3个无效研究对象,这些无效研究对象不会影响整体研究结果。

---

① 谢新洲,朱垚颖,宋琢谢.县级媒体融合的现状、路径与问题研究——基于全国问卷调查和四县融媒体中心实地调研[J].新闻记者,2019(3):56-71

四、访谈与资料收集

为了获得更全面可靠的原始资料与数据,我们用半年时间,主要通过深度访谈、不定期观察和收集图文资料等形式,深入收集了研究主题的前期资料。在深度访谈方面,为求对关键问题进行深度挖掘,我们与选取的被访谈者分别进行了三次深度访谈,每次访谈前都编写了半开放式的采访提纲,访谈时长控制在1—2个小时。围绕传媒女性在媒介融合的社会情境下职业晋升的实践理性主题,访谈的主要问题涉及:您个人的成长经历(包括教育背景、结婚生育等人生阶段,以及工作的时间节点等)如何?您从事的领导工作内容是什么?您在近些年的职场晋升中碰到过哪些困境?您是如何处理的?您作为传媒女性从业者,在领导团队时与同行的男性领导有哪些不一样的行为?此外,我们还问及了被访谈者有关家庭与工作的权衡、对传媒女性领导力的认识、自身职业发展情况及对中国本土媒体融合发展的经验与困惑等问题。

在观察实录方面,我们不定期参与观察被访谈者的工作方式,包括团队工作会议、新闻采写活动等,并且深入被访谈者的家庭场所,通过与之进行一些非正式的谈话,观察其行为、表情的微妙变化。此外,我们还收集了被访谈者提供的与其日常管理工作相关的图文资料,如年度工作总结、工作会议纪要等,以拓展研究资料的来源广度。

五、研究结果分析

通过对22个研究对象的原始材料进行初步分析后,我们发现有三个研究对象的原始资料与研究主题在体现女性领导力和新媒体背景因素方面存在较大差距,故将其予以剔除,并对剩下19个研究对象按照大写英文字母编号,编号分别为A至S,其中Q、R、S三个研究样本用作对研究结论(理论概念或模型)的验证。

(一)开放式编码

研究对除 Q、R、S 之外的 16 个研究对象的深度访谈原始资料全部进行了归纳分析,抽取属性或概念,并初步整理了其属性的类别范畴,得出了开放式编码的分析结果(如表 2-1)。

表 2-1 一级编码分析研究结果

原始材料(归纳)	一级编码	范畴
A/C/E/N:领导必须要有大局观、大局意识	大局观	问题解决技能
A/I/K/P:领导都要有统筹管理的能力,要能够按时按量完成任务	统筹能力	
B/D/K/P:领导在外面的业务往来,大部分是跟男性打交道	与人打交道	
C/D/E/G/I:领导应该跟大家打成一片,才能领导好团队	合群	
E/F/L/N:有时候工作上的冲突是难免的,但我们也要理解他人	理解他人	
H/I/O/P:我平时会注意不同员工的情况,在分派任务的时候会考虑他们的感受	细腻	
C/D/M/O:我经常会从他们的角度出发去决策一些事情	换位思考	
A/B/C/E/J:团队中有人遇到各种困境,我都愿意倾听,并会和他们分享我的经验	愿意倾听	
B/C/G/J/K:很多时候我都会主动和员工沟通,尝试了解具体情况	善于沟通	
A/B/C/D/E/H/I/J/M:领导需要不断学习各种新媒体技术,这样才不会被淘汰	学习新媒体技术	专业知识
D/F/J/K/L/N:身为领导还是要坚持内容为王,新闻写作专业知识绝对不能丢	新闻写作专业知识	
B/C/E/J:你像新媒体的文章标题,它跟传统的新闻标题就不一样,需要转换思维	写作思维转换	
C/D/E/F/J/P:现在我们都会学着去分析后台的用户数据,用用户思维去做产品	用户思维	
A/B/D/E/L/M:我们现在转型就是缺互联网产品思维	产品思维	
B/C/D/F/J/H/I:工作室模式的优点是灵活,但要大家相互学习配合,一起做事情	工作室模式	
B/D/H/I/P:大家有各自专业的领域,然后一起协作去创作新媒体产品	专业协作	
C/D/F/J/N/O:很多新媒体产品需要人的创新和想象,这些产品都是技术与创新点的结合	创新与想象	

续表

原始材料(归纳)	一级编码	范畴
A/B/E/G:有一个良好的理性思维,对女性领导来说很加分	理性思维	认知能力
B/G/N/P:他们(男性领导)很会将经验总结理论化,这是我们(女性领导)比较弱的地方	理论思维	
A/D/E/F/K:女性更注重经验总结,习惯靠经验做事情	依赖于经验	
C/G/I/O:女性的第六感有时候对(媒体产品的)选题很有帮助,对讲故事也有帮助	女性第六感	
E/H/J/P:我觉得现在视觉化的内容呈现形式反而有助于女性的形象建构	形象的认识	
A/B/C/G/M:有责任心,敢于担当,是领导力的要素	责任心	心理素质
E/G/J/I:就是牺牲自己的一些利益,然后去关照他团队里的其他人	利他性	
A/C/F/H:宽容也是领导应该有的一种特质	宽容	
C/D/H/J/O/P:认定的事,我就会冒险一试,可能跟我生完孩子有关吧	冒险精神	
B/E/I/N:据我的观察,在职场上我们女性会忍让很多事情	忍让	
A/F/G/P:团队里大家都一样,需要带着同理心去处理团队的矛盾	同理心	
B/C/G/J/M:选择选题切入角度的时候,我会先去感受故事主人的内心世界	感知他人精神世界	

研究根据16个深度访谈原始资料,归纳出29条属性化内容,并进一步抽取出29个初级概念,结合29个初级概念的实践情境和传媒女性领导力特征,我们可以初步将29个初级概念分为问题解决技能、专业知识、认知能力和心理素质四大类。其中,问题解决技能包括大局观、统筹能力、与人打交道的能力、合群、理解他人、细腻、换位思考、同理心;专业知识包括新媒体技术、新闻

写作专业知识、写作思维转换、用户思维、产品思维、工作室模式、专业协作、创新与想象；认知能力包括理性思维、理论思维、依赖经验、女性第六感、形象的认识；心理素质包括责任心、利他性、宽容、冒险精神、忍让、同理心、感知他人精神世界。

（二）关联性编码

关联性编码主要是对开放式编码的结果进行关联分析和聚类。从研究主题出发，开放式编码的29个初级概念可以进一步进行聚类或提炼，以获得更高层次的概念化结果。结合29个初级概念的实践情境，从相似关系、类型关系、功能关系、策略关系和情境关系等着手，我们将上述初级概念进行分类，得出了二级编码分析结果（如表2-2）。

表2-2 二级编码分析研究结果

一级编码（初级概念）	二级编码
大局观	全局意识
统筹能力	
与人打交道的能力	社交能力
合群	
理性思维	逻辑思维
理论思维	
理解他人	共情能力
细腻	
换位思考	
同理心	
利他性	牺牲精神
宽容	
冒险精神	
忍让	
新媒体技术	专业学习
新闻写作专业知识	
写作思维转换	

续表

一级编码（初级概念）	二级编码
用户思维	互联网思维
产品思维	
工作室模式	团队协作
专业协作	
愿意倾听	个性关怀
善于沟通	
责任心	责任感
感知他人精神世界	感知力
依赖经验	经验思维
女性第六感	直觉思维
形象的认识	感性认识
创新与想象	想象力

通过关联性归类分析，我们最终总结出15个概念。其中，6个概念通过属性提炼的方式获得，责任心提炼为"责任感"，感知他人精神世界提炼为"感知力"，依赖经验提炼为"经验思维"，女性第六感提炼为"直觉思维"，形象的认识提炼为"感性认识"，创新与想象提炼为"想象力"；9个概念通过关联归类的方式获得，大局观和统筹能力归类为"全局意识"，与人打交道和合群归类为"社交能力"，理性思维和理论思维归类为"逻辑思维"，理解他人、细腻、换位思考和同理心归类为"共情能力"，利他性、宽容、冒险精神和忍让归类为"牺牲精神"，新媒体技术、新闻写作专业知识和写作思维转换归类为"专业学习"，用户思维和产品思维归类为"互联网思维"，工作室模式和专业协作归类为"团队协作"，愿意倾听和善于沟通归类为"个性关怀"。

（三）选择性编码

本环节主要是将上述15个二级编码概念进一步聚类，提炼出传媒女性领导力特征的核心概念类型。聚类和提炼的主要依据是：16个研究对象在其职场晋升的实践理性逻辑下，她们将会表现出作为传媒女性的"一般性"领导力特征。因此，在进行选择性编码分析时，我们需要有系统性和整体性思维，要将概念的聚类与提炼放到研究对象的实践过程中，以进一步提炼出符合传媒女性职场晋升的实践理性的逻辑脉络。总体上，结合一级编码和二级编码分析结果，三级编码的分析结果如表2-3所示。

表2-3　三级编码分析研究结果

一级编码（初级概念）	二级编码（概念）	三级编码（核心概念）
大局观	全局意识	男性化
统筹能力	全局意识	男性化
与人打交道	社交能力	男性化
合群	社交能力	男性化
理性思维	逻辑思维	男性化
理论思维	逻辑思维	男性化
责任心	责任感	男性化
利他性	牺牲精神	男性化
宽容	牺牲精神	男性化
冒险精神	牺牲精神	男性化
忍让	牺牲精神	男性化
新媒体技术	专业学习	学习
新闻写作专业知识	专业学习	学习
写作思维转换	专业学习	学习
用户思维	互联网思维	学习
产品思维	互联网思维	学习
工作室模式	团队协作	学习
专业协作	团队协作	学习

续表

一级编码(初级概念)	二级编码(概念)	三级编码(核心概念)
理解他人	共情能力	感知
细腻		
换位思考		
同理心		
愿意倾听	个性关怀	
善于沟通		
感知他人精神世界	感知力	
依赖经验	经验思维	想象
女性第六感	直觉思维	
形象的认识	感性认识	
创新与想象	想象力	

在得出三级编码分析结果的过程中,笔者在16个研究对象的原始文本中连续比较和分析,以求高度提炼传媒女性领导力特征化概念,并最终提炼出媒介融合环境下传媒女性领导力的四大特征:男性化、学习、感知和想象。其中,男性化主要是指传媒女性领导力包含一些男性化特质,如全局意识、(男性社会中的)社交能力、逻辑思维、责任感、牺牲精神。需要说明的是,牺牲精神特指女性心理特质中表现出来的利他性、宽容、冒险精神和忍让心理,并不是男性特质当中的为了(公共)利益而牺牲的牺牲精神。学习主要是指女性在媒体转型的社会情境下需要进行各个方面学习的学习能力,特别是新媒体技能方面,主要包括专业学习、互联网思维和团队协作。感知主要指基于女性生理和心理特质所表现出来的,有利益维护和提升领导力的共情能力、个性关怀和感知力。想象主要是指女性在经验直觉的思维下,具有对事物进行加工改造的特质,此处特指对新媒体产品创作的能力表现。

第四节 概念验证：对四大概念特征的验证分析

概念验证是为了证明某些想法的可行性。为了验证上述三级编码分析获得的男性化、学习、感知和想象四大概念的理论饱和度，本书将从 R、S、T 三个研究对象中选取了一个具有典型代表性的研究对象作为概念验证的原始案例，通过对 R、S、T 三个研究对象原始材料的对比分析之后，我们发现研究对象 S 的情况具有典型代表性。

S 是某媒体机构省级（西南地区）分支机构的部门负责人——赵主任（化名），她 2009 年研究生毕业后以记者身份进入该分支机构并一直工作到现在，2015 年，她开始做部门主任（负责人）。她本科学的是国际政治专业，研究生学的是新闻专业，这样的教育背景有利于其在交流过程中以比较宏大的视角挖掘自身经历，为研究提供了丰富而有深度的经验材料。她的记者工作内容能覆盖到中国西南农村地区，而她每年也有一个月左右的时间会在北京进行业务培训与交流，这让她能够全方位感受中国本土媒体融合的发展进程，进行全景式的实践参与。相较之下，这种跨专业和工作业务跨地域的特点，使她更能体会在中国本土媒介融合环境下职场晋升过程冲突与矛盾的张力，也能反映出传媒女性领导力在中国广大县级媒体融合发展过程中的主要特征与作用。

S 自 2009 年以记者身份入职媒体机构以来，完整经历了该机构的媒体融合转型过程。从最初"简单粗暴"的"三位一体"（文字写作、摄影、电视制作），集成式报道，到利用包括无人机、GoPro 等新设备进行融媒体报道、天眼报道等内容生产形式，她经历了从一个采访记者到部门主任的职位晋升，从一个职场单身女性到职场妈妈的转变，从单纯的文字记者到新媒体记者的过渡，以及机构内部从记者"独当一面"到"团队协作"的内容生产方式转变。这期间，S

面临着各类现实的冲突与矛盾。对于本研究主题,S具有较强的典型性和代表性。因此,本小节将结合S案例的原始资料,来分析验证男性化、学习、感知和想象这四大概念的理论饱和度。

一、男性化概念验证分析

结合自身和周围同事的工作经历,在谈及领导和处理团队事宜时,S反复提及"大局观""思维逻辑""宽容忍让""社交能力"等体现男性领导力特质的关键词。她通过观察上级领导的行事风格发现,男性"统筹大局的能力"往往比女性强,女性领导应该具备较强的理性思维。

> S:"……说到统筹大局的能力,这方面我觉得男性还是比女性要有优势一点,这是不得不承认的,因为男性的逻辑思维能力是比较强的,男性善于从纷繁复杂的事物中理出重点。"
>
> 访谈者:"你是说女生更感性一点吗?也更琐碎一点?"
>
> S:"对,女性要更感性、更琐碎一点,更容易受到别人的影响,女性的逻辑思维能力确实要差一些。你像我们单位的张××(女性上级领导,化名),她的理性思维能力就比较强。"

S在回溯其领导团队和开展业务工作的行为时认为,一些"比较男性的特质"对一个优秀的女性领导者而言是"很重要的"。尤其是在业务开展的实践过程中,因为目前的社会"是个男性的社会",而"传媒行业本来就是和人打交道的",女性具备一些"比较男性化的特质"更容易"与大家打成一片"。

> S:"观察下来,我觉得一个优秀的女性领导者应该是这样的:你要善于和大家打成一片,就是你的心胸还是要宽广一些,不要太计较琐碎的东西。要能包容别人,能忍让别人,这也是很重要的,其实这

也是种比较男性化的特质。还有你的社交能力,你的社交能力强不强?突破能力强不强?"

访谈者:"社交能力是对外的吗?"

S:"对,你在单位内部,包括在单位外部,都必须要有社交能力,传媒本来就是和人打交道的……就是说也有社会的原因,它就是个男性的社会,你去哪儿都要跟男的打交道,就算你在这个单位里面女领导比较多,到社会上,无论是官员,还是什么企业,都是男的在挑大梁,跟他们打交道,女性还是会有劣势的。"

这种对传媒女性领导力的"男性化"描述,同样出现在其他诸多研究对象的实录中。这种基于现实团队领导工作情境的需要,反映出传媒女性领导力的男性化倾向特征。

二、学习概念验证分析

学习概念主要是指在媒介融合的大环境下,传媒女性应该拥有不断学习新知识新技能、适应新媒体传播环境的内容生产形式的综合能力。媒介融合的本质并非将报纸、电视、广播和互联网新媒体简单地叠加组合,而是通过互联网信息技术,将社交媒体等新媒体业态与传统媒体在内容生产、组织业务等方面的融合再造,是一种再媒介化过程。[①] 落实到媒介融合的具体实践过程中,需要媒体从业人员在新媒体业务、媒体技术等方面具有持续的学习能力。

访谈者:"你觉得传媒行业的女性领导应当具备怎样的特质才算具有女性领导力?"

---

① 党东耀.媒介再造——媒介融合的本质探析[J].新闻大学,2015(4):100-108.

S:"首先女性领导业务上得过关,而且还要比男性强很多,才容易被人发现。"

访谈者:"你是说业务能力要比男性强很多吗?"

S:"对,首先你的业务能力得强,另外要能和大家打成一片……"

对传媒行业女性领导来说,业务能力过硬对她们的职业发展有着举足轻重的作用。这一点在笔者对其他大多数研究对象的访谈中同样有所体现。另外,随着媒体内容生产体系的逐步调整,媒体机构的生产关系也在逐步变动,被访谈者所在媒体机构的业绩考核标准和职位晋升标准,正在逐步加大对新媒体业务能力考核的权重,以适应机构的媒体融合发展需要。

访谈者:"你们单位从 2010 年以来绩效考核标准有什么变化吗?"

S:"有。2010 年的时候,我们总部成立了新媒体中心,那个时候有考核,但是比较少。近几年的话,对新媒体的考核量就越来越大,包括对内的有些媒体,对海外宣传这一块也要求使用新媒体,包括 Twitter、Facebook 等。"

S:"……而且我们现在这个选拔的标准已经开始慢慢在变化在转移了,像我们这种调研能力强的、能吃苦的、愿意下乡的人,现在都开始已经慢慢地不吃香了。"

基于对职位晋升和自身未来领导力的提升的需求,S 认识到培养自身新媒体业务能力和持续性学习的重要性。一方面,她充分利用所供职的媒体机构给予的新媒体业务培训机会,积极学习做新媒体的产品思维;另一方面,她正以一种积极乐观的心态调整自我,以适应新媒体传播环境下的新闻采编内容生产需求。

S:"其实我们刚好赶上了这个时代,它让你不停地去跟上时代的节拍,跟上时代的节奏,不然会被工作抛弃。这些年总结下来,我的体会是身为员工首先就是要学习,总部会给我们提供各种培训,像我2020年去杭州二更学院进行的为期6天的短视频培训还是让我印象挺深刻的,而且我还关注了培训班的公众号,也看了大量的短视频。我会考虑如果说以后自己走上管理岗位,可能就会需要具备做新媒体产品的思维,比如说我们单位对产品的标题是非常重视的,往往一个视频拍下来之后会拟订100多个标题,最后选出来10个备用。我觉得我们这块儿与二更学院差距很大,我们有一些东西可能拍得很用心,也挺好的,但是最后对走向市场的环节就没那么重视,随便起个标题就发出去了,所以好东西人家也没有看到。"

"还有就是既然现在我还在采编的岗位上,不管怎么说,不管你是工作了1年还是11年,都得努力适应环境,努力完成工作,不能自暴自弃,所以我们现在出去都会随手拍照片、拍短视频,而且我们现在拍出来的东西哪怕效果不那么好,但是都是可以用的,我们也在不断调整策略。"

在媒介融合不断向前推进的进程中,信息技术的快速更新迭代与社会生产模式的变迁,促使"学习"成为传媒从业者推动媒体融合发展的重要因素。S的实践理性体现了一种终生学习的学习理念,这是提升女性领导力的重要途径之一。[1]

---

[1] 白露.我国女性领导力:研究现状与未来趋势[J].江苏理工学院学报,2014,20(3):62-68.

三、感知概念验证分析

这里的感知概念,是指基于女性相对细腻而敏锐的感性思维认识,对领导工作中需要解决的问题做出恰当的决策。这种来自女性直觉的感知,令女性领导者在决策能力方面往往比男性领导更胜一筹。[①] 感知概念在 S 的实践理性表征中体现在两个方面:

一是"细腻"的决策,S 通过自己在 2017 年生完孩子不久后的一段下乡采访经历告诉我们,女性领导在考虑问题时往往"比较细腻"。

> S:"我刚刚生完孩子那会儿,领导就让我去一个比较远的县做活动,而且那个活动也没有什么意义,其实只要做一份材料就可以搞定。但他非要让我去一趟,而且明明可以安排其他人,他非得安排一个家里边儿孩子那么小的妈妈去,我就觉得这一点上他考虑得不够周全。"

二是对选题的"感知",S 作为职业记者,有多年的采写经历,特别是在人物报道方面颇有心得,这让她在把握人物内心的"精神世界"和"特质"方面,具有比较丰富的经验,也就是我们所说的对选题的感知能力强,这种能力让她在带领团队做新媒体报道的选题时更为得心应手。

> S:"我认为女性相较于男性在做人物报道时有一定优势,比如对于人物的特质、人物的精神世界,女性的感知能力是比男性要强的。我写过不少影响比较大的人物报道,在体会一个人的内心世界时,我

---

① 许美娜. 我国女性领导者的特质及其发展[D]. 长春:吉林大学,2008.

认为我更能够与被报道的人物共情,这种共情的能力对整个团队在做一些新媒体报道的时候确定从哪些角度切入、从哪些点打入读者内心很有帮助。"

从新媒体产品的生产角度来解释,这种"很有帮助"其实是一种基于以受众为核心的用户思维模式在起作用。互联网新媒体传播环境下,受众已经不是单向度的信息"接收者",而是能够双向反馈和互动共享的"用户"。当前,媒体要较好实现融合转型,就要从消费者、生产者、参与者三种不同的角度来理解当前新媒体传播环境下的受众,①以用户思维生产新媒体内容,策划新媒体报道。

四、想象概念验证分析

S在论及新媒体业务实践过程时认为,在市场经济环境下的新媒体业务需要用一种"不一样"的思维方式——想象——去提升业务能力。我们结合对被访谈者部门团队制作策划新媒体产品的观察发现,这种新媒体业务的提升,既包含对新媒体产品制作的创新策划能力的提升,又包含对新媒体产品的市场化运作能力的提升。

S:"具体到个人业务能力,我觉得我在新媒体方面要做全方位的提升,包括……拓展我的想象力。"

访谈者:"想象力是指什么?"

S:"比如说《人民日报》推出的一些新媒体的产品,我觉得就很有想象力。它曾经推出了一套素描的画,用户在画上点一下画面就亮

---

① 温世君.拥抱"互联网+"的基础是用户思维——受众角色的重构与媒体转型[J].电视技术,2015,39(16):129-133.

了。比如说画面中的黄鹤楼,它是个素描的,用户一点,黄鹤楼就亮了,大家都觉得这个是和有个电灯,叫欧什么来着合作的。"

访谈者:"欧普?"

S:"对,大家说这个产品是和欧普照明合作的,其实我觉得这就是一种新媒体的想象力的呈现。大家都没想到这个创意,看到之后也觉得并不难,但是就没有想到。我觉得新媒体时代,从业者的思维方式不一样了。"

正如 S 举的《人民日报》新媒体产品的例子一样,这是一种技术与市场相互叠加的悄然变化。一方面,由于互联网信息技术快速发展,媒体表现形式发生了翻天覆地的变化,短视频、H5 和 VR 全景(图片/视频)等新颖的新媒体产品表现形式还未"过时",以语音识别、图像识别和机器学习等为代表的人工智能技术,结合大数据技术,又让新媒体产品焕然一新。另一方面,在媒介形态变化的背景下,新媒体广告影响力不断上升,传统媒体广告影响力不断下降。① 尽管人们意识到了新媒体的巨大传播力,但对于类似 S 等新媒体产品制作方来说,新媒体产品的内容与形式和广告诉求不匹配,是扩展新媒体业务的主要障碍。

然而,快速发展的互联网信息技术赋予了新媒体产品复杂多样的表现形式,而传统媒体式微和新媒体渐强的市场格局,客观上赋予了媒体人提升新媒体业务能力的巨大空间。注重形象思维和直觉思维②的传媒行业女性从业者显然在形象化的新媒体产品策划中和制作中更具想象力。

综上,本书通过 S 案例对男性化、学习、感知和想象的概念验证分析可以发现,男性化、学习、感知和想象四大概念,符合在当代中国媒介融合环境下传

---

① 刘可可.媒介形态的变化对广告投放策略的影响[J].新媒体研究,2016,2(8):65-66.
② 王毅平.浅议女性领导的思维方式[J].理论学刊,1999(2):3-5.

媒女性领导力的特征概述,具有较高的理论饱和度。笔者之后将研究对象 R 和 T 的原始资料放到男性化、学习、感知和想象四大概念当中,同样也获得了不同程度的验证与启示,这些结果进一步表明,男性化、学习、感知和想象四大概念是对当代中国媒介融合环境下传媒女性领导力特征的理论化概述,较好地提炼了传媒女性领导力的特征。

第五节 研究结论:融合媒体环境下传媒业女性领导力的四大特征

综上,笔者通过对中国媒体机构在职女性群体的质性研究,即通过对在职传媒女性在媒介融合环境下职业晋升的实践理性分析,以及通过对深度访谈、不定期观察和相关图文资料的编码分析与概念验证发现,融合媒体环境下传媒女性领导力可以概念化地总结为具有男性化、感知、学习和想象四个特征。其中,男性化主要是指传媒女性领导力体现出大局观、统筹能力、社交能力、理性思维、责任感、牺牲精神等带有男性化思维的特征属性;感知主要是指传媒女性领导力体现出善于观察细节、理解他人、倾听他人、换位思考和沟通,并具有同理心和感知他人内心等情感与心理方面的驾驭和领导能力;学习主要是指传媒女性领导力体现出需要有新媒体技能、互联网思维、用户思维和团队协作等适应新媒体传播环境下的专业知识与技能的学习能力;想象主要是指传媒女性领导力体现出善于依赖经验、直觉、形象思维和想象力等感性思维的能力。笔者结合对 22 个研究对象的在场观察和深度访谈的原始资料,从现实环境的实践理性角度分析,四个特征所呈现的对传媒女性领导力的影响程度大致构成了一个传媒女性领导力特征"金字塔"(如图 2-2 所示),其中,男性化特征处在"金字塔"最底层,往上依次是感知、学习和想象。

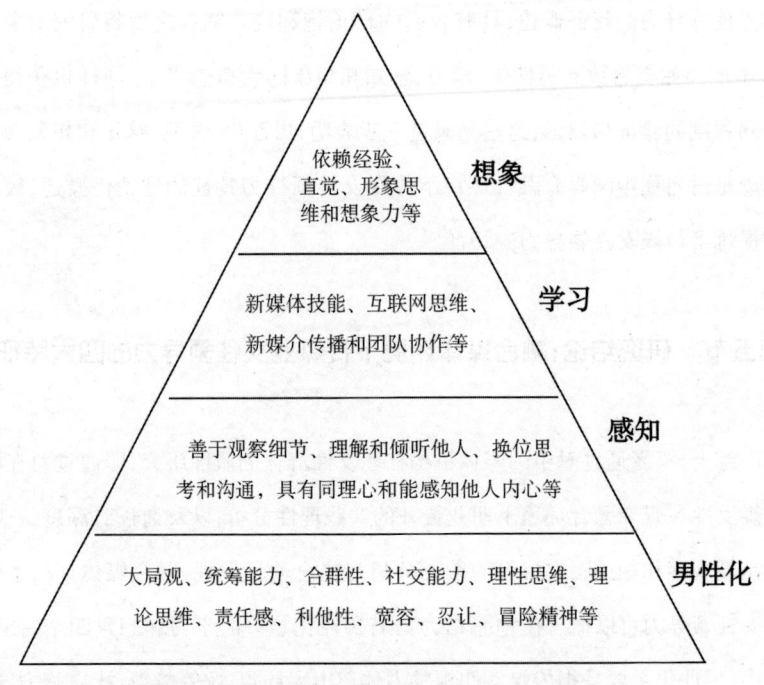

图 2-2 传媒女性领导力特征"金字塔"

一、男性化——精于"男性化"思维

男性化所包含的全局意识、社交能力、逻辑思维、责任感和牺牲精神等，体现出传媒女性领导力精于"男性化"思维的特征。此处的"男性化"思维并非男性思维，而是在男女性别文化差异下表现出来的一些男性思维中具有相对优势的那些特征，如女性领导相对于男性领导不善于理性思维，[①]男性领导相对擅长逻辑思维，全局意识和社交能力同样可以这样理解。但这些"男性化"思维也不完全是那些"相对优势"中的男性思维特征，有的是在性别(gender)区分之外的特征，即男性和女性都拥有的特征，它们更多依赖于对领导者这个职能的定义，从实践层面来看，领导者在领导具体工作的过程中对所管理的工作

---

① 王毅平.浅议女性领导的思维方式[J].理论学刊,1999(2):3-5.

认真负责和对下属适度宽容,是成为一名称职的领导应具备的特征。

男性化之所以处在传媒女性领导力特征"金字塔"的最底层,有以下三方面原因:一是历史维度上社会文化与互动的间接结果。从历史时间的纵向维度观察,男性作为(绝大多数)统治者在社会进程中所形成的社会文化与互动程序,作为"扬弃"的传承映射在当代中国"领导层"的社会互动程序中本就不足为怪。如当代中国官商领导们在酒店、娱乐场所等的社交形式,都能从古代中国官商富贾的社交形式中寻得踪迹。二是作为领导者基本综合素养的需要。英国领导学学者阿黛尔·约翰(Adair John,2003)认为领导者在履行职责时需要展现出以下品质或特性:群体影响力、指挥行动、冷静、判断力、专注和责任心。① 作为一名领导者,拥有全局意识,较好的统筹能力、社交能力和逻辑思维能力是基本要求。三是作为领导者实践情境的现实需要。在当代中国职场,虽然女性领导者正在迅速崛起,但不可否认的是,在不同级别的管理者中,女性占比普遍低于男性,尤其是在高管层面更是如此。因此,对处于中高层的领导者来说,在周围大部分领导者是男性的前提下,顺从群体性的思维方式和行事风格,对追求效率为上的职场领导来说至关重要。

二、感知——情感化领导

感知概念处于传媒业女性领导力特征"金字塔"的第三层,体现为女性领导者善于以情感领导人。这种情感化领导的工作方式是领导者意在通过心理和道德伦理等与情感相关联的因素与他人(大部分是下属)进行的有效领导及互动过程,颇有"审美直观"的人文科学方法观,即主体不仅较为敏感,而且拥有通过生活经历积累的较为丰富的"有意味的形式感"。② 具体来说,感知包括善于沟通和理解他人、愿意倾听、能换位思考(如在人性化决策中)、有同理

---

① Adair John,熊金才译.艾德尔论领导能力[M].广东:汕头大学出版社,2003:26.
② 尤西林.人文科学导论[M].北京:高等教育出版社,2002:93.

心和同情心、能够感知他人的精神世界,以及拥有细腻的情感等。通俗来讲,这种情感化领导大概与人们所讲的"情商"有相通之处,但要准确地理解这种领导方式,我们还是要回到对女性特质的理解当中。

女性与男性在生理上有明显的性别差异,多数女性天生敏感,对周围的细节也比男性更具洞察力,加之女性在认识事物时更富于感性,这也使得她们在感情方面表现得细腻而善解人意,她们既会耐心倾听别人的话语,也更容易理解他人,颇有亲和力,在与他人沟通时容易更加通畅和有效。另外,由于职场妈妈有哺育子女的生活经验,这种母亲对子女需求的细微观察和与子女丰富互动的实践活动,也令她们更容易具备敏锐的情感洞察力。因此,她们也会习惯于通过换位思考的方式去理解他人的想法,并趋向做一些符合人性化的决策。同时,女性的亲社会心理也会表现出情感"领导"特征。在现实社会情境中,女性的亲社会心理如关心他人、重视和采纳他人意见、支持他人、分享与合作等,会产生诸多令他人受益的亲社会行为,[1]。这种亲社会行为能促进她们与组织成员之间的情感,也能使她们时刻对企业与社会的关系、企业内部人与人之间的关系保持敏感,从而能更加主动地做出行为调整[2]。

情感化领导也体现为女性的道德伦理关怀,或本书所称的"人性化关怀"上。当代女性主义学者罗尔·吉利根(Carol Gilligan,1999)在其著作《不同的声音——心理学伦理与妇女发展》中比较了男性和女性的道德伦理问题。她指出:男性把自我看成独立的和自主的存在,忽略了个体与他人、个体与集体、个体与社会之间的联系,把道德视为个人的权利,奉行一种重视准则和权利的公正伦理。女性则倾向于把自我看成一种相互关系中的存在,把道德视为对他人的责任,强调人与社会、人与自然和谐共生的价值观,奉行一种重视关系

---

[1] 李福英.女性企业家领导风格:引领 21 世纪领导风格的主流模式[J].长沙大学学报,2006(6):29-31.
[2] 许美娜.我国女性领导者的特质及其发展[D].长春:吉林大学,2008.

和责任的关怀伦理。笔者以为,这一特点与女性的母性"基因"特质密不可分,母爱在某种程度上就是一种本能的责任,女性无私奉献、任劳任怨的道德品质和重视关怀他人的行为模式,既体现在家庭生活中,也时常体现在其在组织或团队里与他人的互动当中。

三、学习——勤于新知识技能学习

学习概念处于传媒业女性领导力特征"金字塔"的第二层,它体现为勤于新知识技能的学习。此处的新知识技能学习不仅指女性领导对新媒体知识和技能的学习,还包括其对互联网媒介传播环境下的信息传播规律、传播技能、内容生产方式、组织生产变革和媒介社会发展与影响等知识和技能的学习。具体来说,一是要学习利用各类新媒体技术创作新媒体产品。如学习用手机拍摄和剪辑视频、用无人机和 GoPro 等新兴器材进行摄影摄像、H5 的设计与制作、360 度全景画面拍摄与制作、VR 视频拍摄与制作、抖音和 vlog 等形式的短视频拍摄与制作等。二是仍要坚持内容为王,学习在新媒体传播环境下的内容写作技巧,包括对新闻标题、内容架构、图文搭配、评论互动等具体内容生产环节的技巧把握,以及不同视频形式的内容编辑制作技巧等。值得注意的是,笔者深度访谈的大部分对象均表示,传统的新闻写作知识仍然不能丢弃,认为"扎实的新闻写作功底依然能够让我在职场上脱颖而出"。可见,身为媒体人,不断学习和提升自身的写作能力,在媒体融合环境下依然很重要。三是学习新媒体传播环境下的互联网思维。包括在新媒体产品创作过程中涉及的用户思维和产品思维。用户思维主张"一切以用户为中心",重视用户体验的易用性、交互性和革新性[1],以满足用户的各类个性化信息需求。产品思维则要求媒体人不再把新闻当新闻,而应该把新闻当"产品",在整个"产品"制作过

---

[1] 胡睿,孙鑫淼.基于用户思维的优化:原生系移动新闻客户端运营解析[J].新闻界,2016(6):43-48.

程中注重分析产品受众(用户)的需求,根据需求去策划和设计产品内容,即以用户为中心去打造新媒体产品。四是学习团队协作能力。新媒体内容生产方式下的工作室模式要求媒体人要学习以团队的形式去生产新媒体内容。和她们之前只要完成专业(如摄影记者)内"技术"任务不同,这种团队协作要求她们要有足够的协作能力,要在协商一致的基础上,充分利用各自的专业优势,共同创作新媒体产品。这要求新媒体从业者除了具备基本的人际沟通能力和团队协作能力之外,还要对专业领域之外的知识和技能有所了解。

勤于学习新知识、新技能是作为媒体人都应该有的学习精神,传媒业女性要想充分展现其领导力,具备这种"学习"能力尤为重要。笔者发现,在对22位在职传媒业女性的深度访谈过程中,有20位受访者均表示专业过硬(或称业务能力强)是作为一名领导者最基本的素质。在数字技术发展日新月异的社会背景下,传媒业女性要想具备领导力,保持对新知识、新技能的学习能力尤为重要。

四、想象——敏于直觉与经验

想象概念处于传媒业女性领导力特征"金字塔"的顶端,这也是传媒业女性领导力的"最高级"特征,具体体现为敏于直觉与经验。这里的"想象"具体包括具有女性特质的经验思维、直觉思维、感性认识和想象力。传媒业女性领导力的鲜明特征是具有思维的直觉性和敏锐性、认识的经验性和感性。

一般来说,具有女性特质的经验思维、直觉思维、感性认识和想象力等特性,在女性领导力特征中应当只能算作一般性特征。那么笔者为何将这些特征置于传媒业女性领导力特征"金字塔"的顶端(最高级)呢?要解答这个疑问,我们必须回到媒体转型背景下在职传媒业女性的具体实践过程中。当代中国媒体转型过程中,在职传媒业女性既面临机构改革与调整下的职场晋升问题,又面临媒体内容生产方式变革的现实困境。正如笔者对22位在职传媒业女性实践理性所观察到的,在职传媒业女性的职业晋升需要新媒体产品的产出来作为业绩支撑,而新媒体产品的产出面临"持续产出"和"创新枯竭"等困境。从这个意义上讲,带领组织达成共同目标使命(此处指创作出有影响力、传播力的新媒体产品)的领导者,必须寻找激发新媒体产品创新的思想源泉,才能带领组织共同完成工作任务。而女性特有的感性认识、直觉思维和经验思维,或许能给以"讲好故事"为主要目标、以视觉化为主要呈现方式的新媒体产品带来思想灵感,带来想象力和创新力。

另外,女性特质中的形象思维,亦能帮助其提升其"想象力"。所谓形象思维,是人们通过感性形象反映和把握事物的思维活动,它是人们在感性认识基础上对于事物及其本质的一种形象的、艺术性的认识和把握,它有助于人们摆脱传统思维方式的干扰,激发人们的创造性[1]。新媒体时代背景下,各类数字技术的快速发展带来了不同的艺术化呈现方式,给媒体人"讲好故事"带来无限可能。加之新媒体产品的商业化进程加速发展,其内容所承载的客体(或称广告主)形式也可以"千变万化"。这些技术因素和现实环境的改变,给传媒业女性领导力的"想象力"留下了不少空间。

---

[1] 王毅平.浅议女性领导的思维方式[J].理论学刊,1999(2):3-5.

第三章 当代传媒业女性领导力现状分析

为了更好地充当"社会瞭望台"这一角色,传媒组织需要不同性别的管理者带领员工发出不同声音。各个国家和地区的传媒业虽然在发展水平和资本结构等方面存在不同程度的差异,但是对于传媒业女性领导及其领导力的讨论在近年来逐渐成为共同话题。本章将结合数据和案例对国际与国内的传媒业女性领导力现状进行分析与讨论,为我们之后的路径探讨提供基础。

第一节 国际传媒业女性领导力现状

2020年,牛津大学路透新闻研究所(the Reuters Institute for the Study of Journalism,RISJ)分析了四大洲10个不同市场中200家主要在线和离线新闻媒体。研究发现,在10个市场中,女性记者占四成比例,但其中只有23%的顶级编辑是女性。由此可见,对于传媒业女性领导相关话题的讨论具有重要意义。

一、整体情况令人担忧

西方新闻界强调新闻的客观性和真实性,以保护公共利益和推进民主政治为追求,这从"公共新闻""建构式新闻""方案新闻"等多次新闻改革运动中便可见一斑。但是,从目前西方新闻编辑室的性别组成比例来看,距离他们所追求的公正客观还有一定距离。美国妇女媒体中心和英国妇女新闻组织2017年发现,英国国家报社中,34%的高级职位由女性担任,美国存在同样的状况。尼曼在题为"女性在哪里?"的报告中提到,自20世纪80年代以来,女性在美国报业中承担管理角色的人数保持在37%左右。这样的性别差异显然对美国新闻业发展极其不利。一个管理者性别单一的新闻机构难以发出广泛的声音和观点,也无法在多元基础上行使监督权利。新闻机构管理者的性别会对整个机构产出的内容产生微妙、持久且极其重要的影响,这种影响具体体现在选题倾向、呈现方式和用户筛选等多个方面。2017年女性媒体中心报告发现,在报道生育权相关话题时,主力军并非女性编辑,有一半以上相关内容是由美联社《纽约时报》等主流媒体的男记者撰写的。无独有偶,在校园强奸话题方面,男性编辑依然占据报道者多数。他们较少关注受害者,而是将目光放在强奸事件对于施暴者的影响上,这会在一定程度上影响读者对于此类事件的看法和态度。带有强烈性别视角的报道既不能够反映事实全貌,也不利于整个媒体机构的发展。

二、暴力伤害持续存在

国际妇女媒体基金会(International Women's Media Foundation,IWMF)"袭击和骚扰:对女记者及其工作的影响"调查发现,受访的女记者中有70%遭受过某种形式的骚扰、威胁或攻击,并且有1/3的女记者已经考虑因此而离开该行业。这意味着女性新闻从业者从进入行业初期便承受着工作之外的伤害,这种伤害来自不同渠道,以不同形式存在。目前针对女性新闻从业者伤害最大的两种暴力形式为网络暴力和性骚扰。

互联网改变了人类的生存和生活方式,使整个世界发生了翻天覆地的变化,同时催生了互联网时代的新的暴力方式,即网络暴力。多年以来,人们对于网络暴力的讨论大多集中在公众人物和普通用户身上,而忽略了这其中的另一个群体——传媒业女性从业者。传媒业女性从业者,尤其是女记者,由于职业身份的特殊属性,有机会受到更多公众关注,也有机会受到更多来自网络的伤害和虐待。在一项针对女记者网络虐待的调查中,一半以上的受访者表示,网络虐待使她们逐渐降低了自己在社交媒体上的活跃度,甚至完全不愿再在社交媒体上发声。这些女记者的沉默在一定程度上意味着某些社会阶层和社会群体的声音同时被湮没,这对社会多元发展和促进社会和谐极其不利。

在西方传媒界,性骚扰问题持续存在。2017年,在哈维·温斯坦的性骚扰丑闻曝光后,女明星艾丽莎·米兰诺在推特上转发并附上文字:"如果你曾受到性侵犯或性骚扰,请用'我也是'(ME TOO)来回复这条推文。"由此开启♯ME TOO运动。该活动受到广泛关注,Facebook官方公开数据表示,用户在最初的24小时内产生了1,200万"ME TOO"的帖子、评论和点赞。《华盛顿邮报》和ABC新闻在♯ME TOO运动出现后开展了一个关于性骚扰的民意调查。调查结果显示,在美国,约有3,300万名妇女说自己在与工作有关的事件中受到过性骚扰,有1,400万人说自己受到了性虐待,75%被调查者认为工作场所的性骚扰是一个问题;在遭受到性骚扰的女性中有92%的人认为认为男性通常不会面对性骚扰的情况。这其中不乏新闻行业从业者。在《新闻业存在性骚扰问题,怎么办?》一文中,《亚特兰大新闻宪法》编辑凯文·赖利表示,"我们许多人都是在男性主导的工作场所中上班的,新闻编辑室的情况尤其如此"。性骚扰不仅会对新闻行业的女性造成心理创伤和身体伤害,还极有可能导致她们离开新闻行业,尤其是在实施骚扰的人较少受到惩罚的情况下。

除网络暴力和性骚扰以外,还存在其他形式的针对职业女性的伤害。国际妇女媒体基金会调查显示,仅2017年被杀的女记者人数便比前一年增长了两倍多。这些暴力伤害都是传媒业女性从业者开展工作的障碍,并将影响她们对于未来职业生涯的规划和安排,可以预料到,这种影响在很大程度上是负面的。解决暴力和骚扰问题,以及其他阻碍女性传媒工作者发展的问题均需要各方做出不同程度的努力,增加女性担任传媒机构的领导职务是行之有效且有益的方法之一。如果女性拥有权力,她们便能够从女性视角关注职业女性遭受的伤害,从而发挥自身影响力,哪怕彻底解决问题是艰难的,但是为女性赋权有助于机构内部形成更大范围的抵抗暴力和骚扰的氛围。

三、家庭压力巨大

平衡工作与家庭是每一个女性传媒从业者都需要面对的问题。2015年堪萨斯大学的一项研究发现,相比男记者,女记者会更容易产生倦怠感并且离开新闻行业,其中一方面原因来自女性对于在家庭和工作达成平衡的期待。事实表明,大部分情况下,这种平衡难以达成,由此导致女性记者在婚后尤其是生育后离职率相对较高。哈佛大学女MBA毕业生的一项大规模调查显示,当"高学历""高成就"的职业女性因为母亲这一身份而离职时,只有少数人认为她们这样做(离职)是因为她们心甘情愿地专注于母亲这一身份,绝大部分人认为这是"不得已而为之"。在传媒业中已经处于领导岗位的一些女性,她们的收入高于普通职场女性,但是养育孩子和照顾家庭的重担同样令她们感到压力巨大。还有非常重要的一点是,社会大环境层面,传统社会认知、公共体系和职场规定等各方面似乎都滞后于当代家庭的结构与分工——父母双方均需要工作。对于传媒业的职场妈妈而言,需要兼顾忙碌且高强度的新闻工作和处理家庭琐事。皮尤研究中心的一项研究显示,59%的全职母亲表示自己的闲暇时间不够。

显然,各种数据和调查都表明,在影响传媒业女性从业者发展和规划的多种原因中,家庭因素难以忽视。即便在"开放"、"自由"以及"民主"的西方国家,当代家庭结构与传统家庭分工之间也并不同步。

四、具备争取权利的意识

尽管从整体来看,全球新闻界的女性领导面临的情况并不乐观,但值得期待的是,已经出现了具备争取权利意识的机构和个人。

国际妇女媒体基金会致力于提高女性在新闻行业和出版领域的作用,从而促进新闻媒体中的性别平等。该基金会在其官网首页写着这样一句话:没有妇女的平等声音,媒体就不是真正的自由和代表。从1990年起,国际妇女媒体基金推出了"新闻业勇气奖"和"终身成就奖",这两个奖项意在向人们表明,女性新闻工作者在困难面前不会退缩,在重压之下不会保持沉默,她们敢于报道那些会触碰禁忌但必须要为人所知的新闻话题。除此之外,自2011年开始,国际妇女媒体基金会开展了一项计划,为在美国创办新闻初创企业的女性提供种子资金和指导,这将直接推动更多传媒业女性创业成功,成为领导者。

玛丽·姆贝维(Mary Mbewe)是《赞比亚每日邮报》以及整个赞比亚的第一位担任总编辑的女性,并且赢得了2020年的世界报业和新闻出版协会(WAN IFRA)非洲新闻女性编辑领导奖。她在接受采访时表示:"有些男人,甚至有些年轻的女人,对向女人报告感到不舒服。"事实也的确如此,但正因如此,更加说明当下传媒业女性领导依旧是"稀缺资源"。姆贝维是一个成功的榜样。赞比亚《每日民族》杂志执行董事帕特里夏·基比利蒂(Patricia Chibiliti)表示,姆贝维的状态越来越好,与如此多的女性一起工作会使这份报纸变得更坚强,尤其是在姆贝维担任领导的情况下。

当下,全球传媒业都正在经历从印刷到数字化的转型,人们关注技术的发展变革,担忧转型所带来的波动,关心产业变革引发的业务升级。不可否认,这些都是重要的事情,但是我们不能忽略传媒业缺乏多元领导能力的现状,甚至缺乏产生多元领导能力的可能性。不论技术和产业如何发展,传媒业全面准确地反映社会和监督社会的使命不会发生变化,而这也正是传媒业女性领导站在"高处"的意义。

第二节 当代传媒业女性领导力的机遇与挑战

当前,伴随着互联网和新媒体的出现,传统媒体的优势逐渐减弱,中国媒体环境已发生巨大变化,直接影响了传媒业女性领导的发展方向和晋升规划。在这一过程中,传媒业女性领导的独立意识开始觉醒,她们不再将成为"贤妻良母"当作实现个人价值的唯一方式,转而从多个维度进行人生规划。

一、传媒生态环境剧变:体现稀缺价值

传媒生态环境是传播媒体所生存的环境,是一切制约和影响传媒内外部条件的总和[①]。内部条件包括传媒组织架构、员工组成和管理模式等;外部条件包括国家政策法规、经济和文化环境等。近年来,随着科技进步和社会生产力的发展,传媒生态环境发生了深刻变化。2019 年 1 月 25 日,中共中央政治局在人民日报社就全媒体时代和媒体融合发展举行了第十二次集体学习。习近平总书记在主持学习时强调,推动媒体融合发展、建设全媒体成为我们面临的一项紧迫课题。传媒组织在新时代迎接新挑战,挑战即意味着机遇,高素质的传媒业女性领导者体现出不可替代的价值。因此,分析当代传媒业女性领

---

① 丁柏铨.传媒生态环境的变化与文化建设面临的挑战[J].西南民族大学学报(人文社科版),2018,39(1):151-156.

导力所面对的机遇和挑战必然无法脱离媒体融合这一大背景。

(一)从受众到用户的传播关系转变

清华大学新闻与传播学院教授、新媒体研究中心主任彭兰在"BIRTV 台长论坛 & BIRTV 媒体融合高峰论坛"的台长论坛主题演讲中表示,在媒体融合过程中,媒体不再占据绝对的传播高位,每个个体都成为一个独立的、有价值的传播中心,这个中心把过去单纯的消费者变成了三合一的角色:生产者、传播者和消费者。这一转变对传媒业意义重大。一方面,从前的新闻信息接收者从"受众"转变为"用户",他们可以根据偏好建立自己的信息网络,有选择地进行信息接收和传递。传媒作品想要在浩瀚的"信息海洋"中被用户发现必须具有独特之处,产出数量、形式和时效等方面均需要不断升级。另一方面,传媒业在业务经营方面需要转变思路,单纯的信息内容已经无法满足用户需求。用户是"懒"的,他们希望可以在接收信息的同时也能够获得其他服务。这与交通广播在播新闻的同时也会插播路况或天气预报有异曲同工之处,只不过现在的战场不仅在广播中,还在手机 App、公众号、小程序等不同平台中。换言之,媒体想要更多挖掘用户价值,就要为用户提供更多服务,这首先要求传媒业领导者具备更强的能力。他们要懂用户,要能洞察用户想看什么、爱看什么,以"用户本位"指导内容生产与分发;他们也要懂经营,要尽量避免由于追逐利益而出现过度迎合市场和取悦用户的情况;他们还要履行大众传媒环境监视、社会协调、社会遗产传承和提供娱乐的功能①。如何在满足用户需求、对其正确引导和履行社会责任三者之间达成平衡,是对传媒业领导者的一大考验。实践表明。传媒业的女性领导者同理心强,善于换位思考,注重沟通、协调,强调与他人建立联系,能够更快洞悉用户诉求。同时,在利益诱惑

---

① 1948 年,哈罗德·拉斯韦尔在《社会传播的结构与功能》一文中将大众传播的基本社会功能概括为环境监视功能、社会协调功能和社会遗产传承功能。1959 年,赖特对拉斯韦尔的"三功能说"进行了补充,加入了"娱乐功能"。

下,女性领导者责任感更强,往往比男性领导者更能够坚守价值底线,从而能够带领传媒组织更好地与用户相处。

(二)信息结合情感的传播内容升级

当下,媒介技术愈发先进、媒介作品呈现方式愈发丰富,如数据新闻、可视化新闻等。单纯的信息传播已经不足以吸引用户视线,情绪传播逐渐受到关注。《牛津词典》对"后真相时代"(post truth)的解释是:"It is defined as an adjective relating to circumstances in which objective facts are less influential in shaping public opinion than emotional appeals."[①](它被定义为一种形容词,涉及客观事实对形成舆论的影响小于情感诉求的情况。)换言之,真相和事实的重要性下降,公众更容易受到情感和个人信仰的影响。本书不对后真相时代所带来的诸多影响进行讨论,仅借此说明在当下传播语境下"情绪"的重要性。

当下,能够吸引用户注意力的内容不仅要新鲜、奇特,还需要具备情绪唤起能力。对于用户而言,越是和自身经历相贴近,越是能够引起关注和讨论。有学者对新浪微博"热门榜"内容研究后发现,情感倾向明显的微博内容更能够吸引用户转发。基于此,他建议媒体在微博语境下可以适当换下"严肃面孔",像普通意见领袖一样与微博用户进行情感互动,做一个"温情"的媒体[②]。某种程度上,媒体向受众传递情绪比直接叙事更难,如何在调动受众情绪的同时不陷入过度煽情的漩涡,不仅考验内容创作者的能力,也对传媒业领导者的把控能力和观察能力提出了更高的要求。而女性领导者的优势正在于此。从生理角度而言,女性脑中长距离神经纤维比较丰富,外化表现为善于观察、对外部环境较为敏感等,她们能够比男性更快地对环境做出反应,在情绪传播方

---

① 夏莹."后真相":一种新的真理形态——兼与吴晓明、汪行福等教授商榷[J].探索与争鸣,2017(6):66-70.
② 刘中望,张梦霞.微博议程设置路径与用户认知模式的实证研究——基于新浪"热门微博"榜、新闻中心新闻榜的比较[J].湘潭大学学报(哲学社会科学版),2013,37(5):92-96.

面能够发挥重要作用。

(三)全新媒介环境需要学习型领导

关于传统媒体在媒体融合过程中遇到的障碍,喻国明教授曾经做过一个非常有趣的比喻。他认为,如同我们对天气变化有两个层次上的判断:从气象学意义上来说,应对温度变化或雨雪天气时,我们采取增添衣物、携带雨伞等战术性的权宜之计即可。但是从气候学意义上来说,如果整个地球在未来要进入一个新的冰河期,将对整个人类的生活方式、生存方式提出重大的、深刻的、战略性改变的要求。而传统媒体过去的错误就在于仅仅把互联网看成一个渠道、一种通路、一种手段[1]。因此,在转型过程中,传统媒体领导者需要洞悉传统媒体自身优势、了解新型传播技术手段和熟稔新媒体传播规律。他们必须打破旧有的思维定势,正视新媒体价值所在,寻求合作与供应。同时自身保持学习状态,为组织制定正确且具有前瞻性的发展战略。对于新媒体领导者而言,则应该在保持技术和平台优势的基础上,深耕内容,做好布局,牢牢把握住渠道和内容两大"王牌"。

与男性相比,女性的学习能力更强,她们能够快速接受并掌握新的技能。胡月星教授主持的国家社科基金项目"中国基层县处级党政领导干部胜任力实证研究"的研究结果也说明了这一点。该研究在比较基层县处级党政领导干部核心胜任特征差异时发现,女性领导干部认可度最高的核心能力前三项依次是学习能力、抓经济工作的能力、组织能力。传媒业女性领导者能够更快适应媒体融合所带来的影响,并且进行相应调整。她们在过往的工作经历中积累了大量实践经验,这些经验能够帮助她们在更大程度上发挥学习能力,融会贯通,在转型浪潮中保持前进姿态。换言之,女性领导者只有善于思考、善于学习,才能够真正发挥自身优势。正如原中央电视台主持人、紫牛基金创始

---

[1] 喻国明.从"旧木桶战略"到构建"新木桶战略"——互联网逻辑下媒体编辑部操作的关键[J].新闻与写作,2014(11):1.

合伙人、酷得少年(天津)文化传播有限公司董事长张泉灵提出的,当今社会瞬息万变,人只有不断地学习、进化、自我突破,才能与社会保持连接并不被淘汰。

(四)压力型工作氛围呼唤情感力量

媒体融合背景下,传媒业表现出动荡和焦虑,传媒人士需要精神慰藉。一方面,对于传统媒体而言,新媒体出现后,"黄金时代"不复存在,"出走时代"到来。以2015年为例,中央电视台知名主持人郎永淳、张泉灵、原北京日报社副社长李洪洋、新京报传媒副总裁刘炳路等20多位传媒人先后离职,他们或是加入新媒体岗位,或是彻底离开媒体行业。有学者对2009年—2015年间52位媒体人的离职告白文本进行了内容分析,研究发现,"传媒体制的禁锢""新技术的冲击""媒体经营的压力"以及"个人职业规划"四个方面,是媒体人自述离职理由时的主要原因[①]。另一方面,媒体融合过程中涌现出了许多新媒体组织或公司,提供了大量工作岗位和升职机会,但是机会往往也意味着竞争,"优胜劣汰,适者生存"的竞争逻辑同样存在,甚至更为显著。伴随着社会节奏的加快,受众对于信息的准确性和时效性要求也变得更高。"媒体人跪求公众人物不要再在深夜和假期结婚、生子、分手、离婚了"虽然是网络上的戏谑之语,但也能从侧面体现出媒体从业者工作强度之大,持续热点追踪和高密度内容产出所带来的压力导致媒体人离职率居高不下。第三方机构麦可思《2017年中国大学生就业报告》数据显示,离职率较高的在职人员的本科专业多为传媒、艺术类专业。

传媒业女性领导者擅长右脑思维,她们情感细腻,相比男性更加富有同理心,在工作中能够及时察觉到身边同事的情绪波动并采取一定措施,是压力型工作氛围的润滑剂。美国一项研究表明,企业女性高管的参与程度与企业绩

---

① 陈敏,张晓纯.告别"黄金时代":对52位传统媒体人离职告白的内容分析[J].新闻记者,2016(2):16-28.

效水平的正相关关系显著(特指通过选拔而产生的女性企业高管,因家族裙带关系而晋升的高管除外)。此外,女性领导者语言表达能力强,与他人的交流往往更加有效。新生物论认为,由于最初性别分工不同,女性主要从事的是婴幼儿抚养、果实采摘及家务料理等需要语言交流和表达的工作,而男性主要从事诸如狩猎等需要安静氛围的工作,导致女性在语言方面更有优势并在语言发展上贡献了主要力量。因此,女性领导者既能够有效稳定组织内部人员的情绪,也能够对想要离职或者在职业规划上产生迷茫的同事提供帮助。

(五)管理模式推动领导风格转变

传媒业从业者多为"知识型员工",员工之间在工作中需要密切配合,例如,记者、编辑、运营、摄像、后期等各个工种相互合作才能够完成一件媒介作品。传媒业的脑力劳动和合作劳动不同于传统意义上的体力劳动,难以在高压之下"大力出奇迹"。相反,员工需要领导给予更多自主性和信任感,而在这方面女性领导者更善于发挥友爱、细腻的先天优势。如今,领导者需要采取更加人性化的方式与员工相处,类似泰罗制的管理方法已经不能完全适应企业或团队管理的需求。在以知识生产为主体的组织结构中,领导者和追随者需要建立信任感,而信任感的建立需要温暖、友爱且相对宽松的环境,女性领导者优秀的沟通能力和协调能力有很大的发挥空间。未来,随着媒体融合程度不断加深,女性领导者的优势将会愈发凸显。正如约翰·奈斯比特预言的那样,女性管理者是未来组织发展最需要的力量。

在全新的媒体环境下,传媒业女性领导者独有的魅力既能够适应媒体环境变革过程中的动荡,也能有效地提高团队凝聚力,帮助组织成员创作出更多符合用户需求的作品。女性化的领导特质受到认同,女性的自信心将进一步增强,事业发展也将更顺利,女性领导力将会得到更加淋漓尽致的开发和认可。

二、媒介技术持续赋能：互联网成就女性领导

当前，互联网正为传媒业女性领导力赋能。传统大众媒体作为组织化机构，在监督社会问题、设置政策议程方面具有不可替代的作用①，但是受特定的组织规则和目标所限，传统大众媒体并不能为领导者，尤其是女性领导尚未被给予过多自我表达和创新的空间，甚至大众媒体在在某种程度上还会对其表达和创新加以制约。而互联网出现后，由于其更加开放和自由，引发了媒体行业由内到外的结构式转变，使传媒业女性领导力有了"用武之地"，甚至在互联网程度不断加深后逐渐"合规"，具体来说，之所以产生这种转变，主要有以下几方面原因：首先，传媒业女性领导力符合互联网时代公众获取信息的要求。在互联网时代，公众碎片化地接收信息，对时效性和准确性均有所要求。为加快内部交流，提高决策效率和信息产出速度，越来越多的传媒公司放弃了从前等级式的管理架构，转而选择扁平化的管理模式。柔性领导理论认为，组织发展是由领导者和追随者（即员工）共同推动的，领导者和追随者可通过非权力影响力实现心理和情感上的互动与交流，从而在思想和动机上达成一致，非权力影响力包括但不限于亲和力、感召力和影响力等。如果员工能够在工作过程中获得参与感和存在感，并且在此基础上形成良性合作和竞争关系，那么组织的凝聚力也将大大增强。亨利·明茨伯格认为，组织需要培育，需要照顾关爱，需要持续稳定的关怀。关爱是一种更女性化的管理方式。其次，互联网为传媒业女性领导提供了自我提升途径。传媒业具有社会环境依赖性，需要密切关注周遭变化，掌握最新变动，这些都要求传媒业女性领导者时刻保持学习状态，不断掌握新技能。但是，职业女性在工作中创造价值时，往往会被家庭事务分散时间和精力，这在一定程度上压缩了她们自我提升的可能性。

---

① 黄月琴.新媒介技术视野下的传播与赋权研究[J].湖北大学学报（哲学社会科学版），2016,43(6):140-145+164.

互联网则为传媒业女性领导者"充电"提供了新的途径。在线知识社区"千聊"2017 年公布的数据显示,每 10 个该社区的知识付费订单中,就有 7 个是女性用户订单;全部女性消费者群体中,已婚女性的比例是 84%,30 岁以上女性的比例是 70%。

最后,互联网改变了女性失位现象。互联网出现前,女性失位现象严重,这种失位现象具体包括两个方面:其一指女性在传播内容中的出现频率低于男性,有学者在对我国报纸内容统计后发现,男性新闻人物出现的比例远远高于女性。在有言论被引述的新闻人物中,男性占 91%,女性占 9%[1];其二指传播内容中的女性形象存在"畸形",如电视广告强化了女性的被动地位,她们或是以家庭主妇的形象出现,或是以"美女花瓶"的功能存在[2]。在某种程度上,互联网改变了女性失位的情况。一方面,互联网具有"放大效应",每个个体都有机会通过互联网放大自己的声音,成功的传媒业女性领导可以通过经验分享和线上讨论为其她女性树立榜样,给予更多女性力量,她们熟悉传播规律,因此,她们的发声更容易被"听见"。另一方面,公众能够通过互联网看到传媒业女性及传媒业女性领导的魅力,女性形象变得更加丰富,不再只是作为男性的附属物形象出现,这有助于为传媒业女性领导者营造更加轻松的发展氛围。

三、女性独立意识觉醒:追求个人价值

1791 年法国大革命的妇女领袖奥兰普·德古热发表了《女权与女公民权宣言》,国际妇女解放运动自此拉开帷幕。在两百余年的奋斗历程中,无数革命先驱为了争取妇女解放、两性平等而不懈努力。发展至当代,女性已经赢得

---

[1] 冯媛.女性在新闻中的存在——关于八家主导报纸新闻版新闻的研究报告[J].浙江学刊,1998(2):3-5.
[2] 刘伯红,卜卫,陈新欣.试析我国电视广告中的男女角色定型[J].妇女研究论丛,1997(2):19-24.

了接受教育、参与工作的权利和自由。

一方面,女性可以建立自己的社会关系,定义自己的身份,不再需要依赖男性。人是社会关系的总和,社会关系独立带来经济独立,而经济独立必然带来人格独立。当代,对于很多女性而言,"悦己"比"悦人"更加重要。全球知名职场社交平台领英(LinkedIn)与欧莱雅化妆品集团联合发布的《2018女性形象认知与家庭事业观调查》显示,从70后到95后,中国女性越来越追求事业发展,独立意识在95后女性中尤为突出,她们更少认可"贤妻良母"的角色定位(23%),向往成为"经济独立的女强人"(58%)或"特立独行的'酷'女人"(19%)。

另一方面,随着社会发展,人们对女性的考量由单一维度变为多元维度。人生赢家的标准不再只是"家庭美满",事业成功、学识丰富和经历独特等都成了考量女性是否成功的重要因素。在《95后女性独立意识调查报告》中,61.9%的受访者反对"干得好不如嫁得好"这一传统观念。可见,当代女性不再将自己局限于"嫁人生子"这一传统框架内,她们拥有更多选择权,有更多机会追逐自己喜爱的事业,精神得以解放,生活质量和生命质量不断提升。当前,越来越多女性领导在各行各业做出了重要贡献,"妇女能顶半边天,管教山河换新颜。"当代女性已不再局限于家庭这一方天地。

传媒业女性领导者大多有一定的知识储备,能实现经济独立,且在工作中有机会接触形形色色的人,这也就意味着她们在某种程度上更加追求自由和自我价值。

第三节 当代传媒业女性领导力面临的阻碍

诚然,传媒业女性领导者在当代拥有更多发展机遇。但是,由于社会变迁中的"文化滞后"、企业组织的刻板印象以及女性自身的心理和生理限制等原

因,导致当前中国传媒业女性领导力发展仍然面临着较多阻碍,具体而言,主要包括以下几方面阻碍:

一、女性自身

(一)生理因素

传媒业是一个日新月异的行业,每年都有大批毕业生投身其中,竞争十分激烈,传媒从业者需要时刻保持自我提升,稍有懈怠便会被赶超。女性受限于特殊的生理局限,要经历怀孕、生产、哺乳等生理周期,这不仅会消耗她们大量的体力和精力,还会影响其工作的连续性,给职业发展带来负面影响。

(二)心理因素

首先,许多女性领导在获得提拔和进一步晋升方面的积极性低于男性。心理研究发现,女性规避风险指数高于男性,存在"回避成功的动机",美国学者埃托奥和布里奇斯的调查显示,女性和男性在成功动机上并无显著区别,但是女性对成功的"需要程度"低于男性①。这也就意味着,女性同样渴望成功,但是对于成功的付出可能会低于男性,她们害怕承担相伴而来的责任和风险。不同调查都对人们理想的领导者特质进行了收集,具体结论有所差异,但这些调查表明,人们更希望跟随一个有野心并且能够带领团队达成目标的领导。显然,女性领导在这方面的表现稍弱于男性。

其次,当前职业女性面临的最大障碍便是职业角色与家庭角色的冲突,这不仅体现在职业女性时间和精力的分配上,角色冲突给女性领导的心理同样造成极大压力。全国妇联主席沈跃跃在首届上海合作组织妇女论坛上的发言表示,中国妇女受教育程度普遍提高,2016年普通专科在校生中女生占52.5%,在读硕士研究生中女生占53.1%。伴随着教育水平的提高,女性的独立意识也

---

① 罗敏.大众传媒中的女性失位现象思考[J].中国科技信息,2005(5):158-159.

随之提高。女性领导一方面无法舍弃家庭,一方面希望能够在职场体现自己的价值。事实上,女性越是精神独立,越是思想进步,内心便越会受限制。

二、企业组织

近年来,随着社会发展和文化进步,女性地位得到巨大提升,越来越多的传媒业女性走上了领导岗位,她们在传媒组织的发展过程中起到了巨大的推动作用,大部分人表示认可并且赞赏传媒组织的制度,但我们也必须承认,当前传媒组织内部依然存在潜在的性别歧视,性别歧视存在于职业女性的日常工作中,甚至成为组织未来愿景和内部晋升规则的一部分。因此,相比从前组织内部对于女性的公开排斥,当下的性别歧视十分隐秘,但更为深刻,因此有学者将之称为"第二代性别偏见"。笔者通过深度访谈和资料收集,将"第二代性别偏见"的主要特征概括为隐秘性、非必然性、复杂性和突发性,并结合以上四个特征讨论对传媒业女性领导者在传媒组织内部所面临的阻碍和壁垒进行了讨论。

(一)隐形性

不同于以往明确存在的性别歧视,第二代性别偏见更为隐秘且难以挣脱,具体体现在行业进入和晋升机会两个方面。

一方面,针对女性的无形的婚育门槛依然存在。2019年2月,北京市人力资源和社会保障局、北京市教育委员会、北京市司法局、中华人民共和国国家卫生健康委员会等九部门联合发布《关于进一步规范招聘行为促进妇女就业的通知》,明确规定用人单位在招聘时不得询问妇女婚育状况,不得将限制生育作为录用条件。但是用人单位在具体施行过程中依然存在歧视已婚女性的情况。有很多女性网友在个人社交平台上发声,表示面试官在面试时侧面打探自己目前的婚育状况,包括和男朋友感情状况如何、是否喜欢小孩子、如何看待丁克一族等问题。一旦得知面试者"即将结婚""即将生孩子"等信息,面试官便会将其排除在录用范围之外,转而聘用短期内没有结婚生子打算的女性,或者直接选择男性。用人单位在答复被淘汰的女性面试者时会选择"简历不符合岗位需求""薪资待遇难以满足"等程式化且"不违反规定"的理由。传媒业具有对员工的工作经验和工作能力的双重依赖性,在录用或提拔女性领导方面更为谨慎。如,某些传媒组织将出差、外勤和值班累计时长作为考核标准,这对于哺乳期或孩子较小的女性领导候选人非常不利,会成为她们晋升的障碍。另一方面,男性和女性的晋升机会不同。据《2019中国女性职场现状调查报告》显示,不论是向上选择领导,还是向下提拔下属,男性都更加倾向于选择同性,而女性则更为客观,较少受到性别影响。当下,在传媒领域,男性领导者较多,借鉴该研究结果可以发现,传媒业女性在进入领导层或者提升至更高层级时面临十分隐秘的"选择排斥",她们的晋升通道狭窄,并且会越来越狭窄。

(二)非必然性

1986年3月24日,Carol Hymowitz和Timothy Schellhardt两位记者在《华尔街日报》企业女性专栏中指出:"尽管那些女人在队列中平稳地上升,但最终会撞上一道看不见的壁垒。行政套房看似近在眼前,不过她们不可能冲破玻璃天花板。"此后,"玻璃天花板"一词便被用于描述女性试图晋升到企业或组织高层的障碍。这一表达受到诸多学者和业内人士的认同,认为其准确指出了女性领导者在晋升过程中几乎必然会遭遇的壁垒。但是随着社会发展和文化进步,女性领导发展已然突破了"必然"的藩篱。在传媒领域,国家广播电视总局总工程师王效杰、上海文化广播影视集团有限公司董事长王建军和浙江华策影视总裁赵依芳等优秀传媒业女性领导的突出表现已经证明了女性领导的职业发展是可以达到传统认知中难以达到的高度的。

(三)复杂性

在女性领导力发展和提升过程中,怀孕生子依然是非常重要的制约因素,但并非唯一因素。智联招聘联合宝宝树发布的《2020中国女性职场现状调查报告》显示,在选择领导者的性别时,想要追随女性领导者的男性职场人占比12.45%,女性职场人占比仅6.92%。通过数据可以看出,不仅男性对于女性领导者的追随意愿相对较差,在同为女性的同性之间也表现出了较为明显的排斥和抗拒态度,这非常不利于女性领导者和下属建立友好、和谐的关系。传媒业需要部门协作和各工种配合才能完成一份出色的媒体作品。如果领导和下属之间不能够相互信任、相互支持,将会非常不利于组织发展。另一项数据同样能够说明该现象。《2018年中国女性职场现状调查报告》显示,由于需要照顾家庭,35.9%的女性将"上下班方便"作为选择工作的首要考虑因素。以北京地区为例,大量传媒公司集中在国贸大厦附近,如果求职女性家庭地址距离国贸较远或交通不方便,那么她们便有可能放弃国贸地区,转而选择到能够满足其通勤时间短这一要求的地区求职,无形中便失去了更多机会。

(四)突发性

对传媒组织女性领导而言,在通向更高领导岗位的过程中,除了当下可见或不可见的因素外,还会有某些意料之外的障碍。笔者深度访谈的一位女性领导为新华社地方分社的中层领导,她的丈夫与她在同一单位任职,并身居重要的领导岗位,2006年发布的《党政领导干部任职回避暂行规定》(以下简称《规定》)对她的职业晋升就产生了影响。《规定》指出,有夫妻关系、直系血亲关系、三代以内旁系血亲关系以及近姻亲关系的,不得在同一机关担任双方直接隶属于同一领导人员的职务或者有直接上下级领导关系的职务,也不得在其中一方担任领导职务的机关从事组织(人事)、纪检(监察)、审计、财务等工作。对于这位访谈对象而言,《规定》的影响并不在其预期当中,具有突发性,她在访谈中也多次提及,这一情况对她的职业发展和规划具有极大影响。由此可以看出,对于传媒业女性领导者而言,她们需要面临更多突发影响。

三、社会文化

(一) 刻板偏见

生理差异导致女性和男性在性格、心理和思维等方面具有不同特质,加之自古至今男性和女性在社会环境和家庭环境中承担的角色不同,由此导致的性别刻板印象为传媒业女性领导力发挥和提升带来了较多问题。

一方面,媒体作为社会瞭望台,承担着信息传递和引导大众的重要职责,尤其是在面临突发事件时,领导需要保持最佳判断力。全球化背景下,世界互联互通,麦克卢汉关于"地球村"的预言成为现实。媒体不仅面临多方监督,同时担负了巨大的竞争压力。因此,更加需要能够驾驭全局、平衡利弊、把握时机的领导带领传媒组织克服困难,讲好中国故事,传递好中国声音。在性格方面,人们对于女性领导者有刻板印象,认为她们情绪不稳定、承受压力的能力差、不具备大局意识、做决策时优柔寡断等。这些特质与人们所公认的理性、冷静、果断、具有前瞻性等优秀领导的特质并不相符,甚至完全相反。因此,很多时候,女性化管理被视作缺乏竞争力的管理方式,甚至可能会因此让管理者丧失晋升机会。

另一方面,关于女性领导确实存在一些正面的固有认知,如亲和、友爱、有耐心、富有同情心和善于处理人际关系等。值得思考的是,正面刻板印象是否必然有利于传媒业女性领导力的发展呢?其实并不尽然。关于女性领导力的正面性别刻板认知,从本质上而言是对某些女性化特质的放大甚至是夸大。不可否认,这些认知在传媒领域不可或缺,或许会在女性领导者的晋升过程中起到积极作用。但是,这种僵化和极端化的印象非常容易导致某些岗位高度女性化(如行政岗位、财会岗位等),以及某些岗位高度男性化(如技术岗位、产品岗位等),进而加剧职场性别认知差异,从更深远的角度考量,这种倾向对营造平等的职场环境是十分不利的。

事实上，关于女性的刻板印象，不论是正面的还是负面的，都会在不同程度上影响人们对于女性领导的评价和看法，随着人们对女性刻板印象的程度不断加深，甚至会影响女性领导者的自我判断和角色认同，最后极有可能成为女性在追求更高层级领导角色时的阻碍。

（二）家庭劳动分工

西方女权主义者和女权主义理论家南尼特·芬克在《东西方女权主义》（收录于《妇女：最漫长的革命》）一文中认为，由于文化、社会交往、价值标准、思维方式和个人性格等差异，与西方妇女相比，东方妇女更加关注孩子和家庭，更愿意为了家庭放弃实现自身价值，她们在家庭中获得的快乐是公共领域所无法比拟的。对她们而言，家庭以外的选择通常是受到限制的，孩子成为她们生活的重心。由于特殊的生理构造，女性在家庭分工中承担着繁衍和养育下一代的使命，这意味着在职业发展初期，女性便比男性受到更多限制，职业周期也会有所中断。此外，社会公认的家庭分工为"男主外，女主内"，赡养老人、教养子女、操持家务等似乎是每一个"贤妻良母"都应该做的。伴随着中国多数家庭的结构由传统大家庭转向核心家庭，女性需要走入社会，进入职场，同时承担起家庭内部角色和社会外部角色。

《2018年中国女性职场现状调查报告》显示，平均而言，女性投入家庭的时间比男性高出15%。步入婚姻后，相较于男性而言，女性的工作所需时长并未减少，但投入家庭的时间却在不断增加。可以看出，与男性领导者相比，平衡工作与家庭是女性领导者需要"额外"负起的责任。传媒业工作强度大，领导尤其需要倾注更多时间和精力，以应对各类突发事件。因此，传媒业女性领导者实际上承担了更高的生育成本，这里提到的"成本"不仅指物质成本，还包括由于承担家庭角色而压缩的学习时间、社交时间、休息时间等，以及由此减少的社会资本积累和领导岗位晋升的机会。

(三) 社会期待

社会中存在着这样一种现象：人们抨击那些煮饭做菜、照顾家人的家庭妇女，认为她们缺乏上进心，不能和丈夫共同承担"养家"的重担。但是，一旦女性走向职场，投入工作并取得一定成就后，往往会被冠以"女强人""女汉子"的称呼，这些称呼似有褒奖之意，但却带有"不顾家""不本分"的批评意味。从现实角度而言，人们对于女性领导者和男性领导者表现出不同的接纳程度。同样都是强硬作风，人们会认为男性领导者是干脆果断，女性领导者则是不懂变通。上文已经提及，女性领导力中包含大量女性化特质，因此，人们除了要求女性领导者能够担负本身必需承担的岗位责任外，还希望她们友善热情、细腻温柔，并且这些特点并不能让她们得到额外的嘉奖或赞美，因为在许多人看来，这是女性领导者应该具备的。人们希望女性领导者在职场上精通业务，体恤下属，形象得体优雅，家庭生活和谐美满，稍有不完满之处便是她的失败，进而成为大家茶余饭后的谈资。社会对于女性领导者的期待总是是带有神化意味的，将她们框定在"完美领导"这个十分缥缈又难以下定论的框架中。

第四节 当代传媒业女性领导力提升的路径选择

通过以上分析可以看出，传媒业女性领导力是一种综合力量，体现在传媒业女性领导者、传媒组织、媒体环境这三者的互动过程中，不能够单一论之。当代传媒业女性领导力发展同时面临机遇与挑战。伴随媒体融合不断深入推进，传媒组织结构更加扁平，"社群化"特征显著，单一的领导风格已经无法适应传媒组织。传媒业女性领导力中的柔和特质能够中和男性化领导力中专制和强硬的特质，从长远来看有利于传媒组织的发展。但是，对于提升传媒业女性领导力，推动其发挥更大的作用，我们还有很长的路要走。本书后面章节会通过个案详细说明传媒业女性领导力的实践路径，本章中的发展路径主要围绕当代传媒业女性领导力的现状进行总结,与后文互为补充。

一、女性自身

在信息社会中,科学技术飞速发展,信息的获取和传递变得更为便利,甚至逐渐成为日常,知识更新速度越来越快,周期越来越短,新事物层出不穷。人们必须不断学习,才能够随时应对挑战。传媒业同样如此,区块链、人工智能、大数据等先进科技逐渐被广泛应用于传媒领域,并且已经显示出巨大的潜力,"机器人写作""AI主播"等新的产出形式层出不穷。如果领导者不能保持学习状态,对新科技新应用有所了解,将会故步自封,不仅会阻碍自身的职业发展,还会减弱供职组织的竞争力。传媒业女性领导者尤其应该发挥自身学习能力强的优势,通过创新学习,保持对传媒最新动向和发展态势的关注与思考,同时广泛涉猎各方面知识,包括但不限于组织管理知识、科学技术知识、心理学知识等,提高综合能力,为自己充电赋能。新技能、新思维、新视角等独特的个人价值是传媒业女性领导者突破藩篱、为自己正名、持续提升领导能力的必要途径。

在具体工作中,除不断学习外,传媒业女性领导者还应该做到以下三点:第一,保持对环境的敏锐度。了解并熟悉国家法律法规、政策规划和社会形势等,与实际生活保持同步,社会主流价值观保持一致,切忌脱离群众,闭门造车;第二,制定有力量的传媒组织愿景。不同于组织内部的各类规章制度和硬性要求,组织愿景建立在组织成员共同认可的基础之上。具有前瞻性和落地性的组织愿景能够激发组织成员追求更高目标的热情,增强组织的凝聚力;第三,熟悉组织成员的个性、专长和职业规划等,最大限度地激发他们的活力和创造力,优化作品内容,丰富表现方式,创作出能够给用户带来收获和帮助的媒介作品。

二、传媒组织

传媒组织作为传媒业女性领导者奋斗的地方，需要在更大程度上对其容错和赋能。这里所说的赋能并不单独指薪酬激励这种"外部驱动"，而更多是指"内部驱动"——组织对于女性领导者的尊重和认可。内部驱动能够给予女性领导者正向的"角色期待"，使她们认可自身价值，形成更加强大的精神动力，克服困难，提高工作效能，进而优化整个传媒组织。

对女性领导者的信任在某种程度上是对组织未来的投资。美国行为学家莱曼·波特（Lyman W. Porter）提出"波特定律"，他认为，当遭受许多批评时，下级往往只能记住开头的一些批评，其余的就不会听了，因为他们忙于思索论据来反驳开头的批评。因此，总是盯着下属犯的错误，结果并不会转好，甚至有可能适得其反。传媒组织对于女性领导者的态度同样需要避免陷入"波特定律"。在很多组织中，员工会将领导者所犯错误与性别相关联，即，如果女性领导者有不妥之处，很多人会首先将其归结于"因为她是女领导"。事实上，任何一名领导者都会出现决策失误或处理不当的情况，这与个人能力以及领导者当时所处的境况相关，不关乎性别。如果一个企业不能容错，对组织成员缺少信任，将会遏制组织成员的创新能力，阻碍组织发展，这对领导者来说尤其如此。女性领导者囿于特殊的生理和心理结构，在具体工作中会存在短板，组织成员应对此适当保持宽容态度，并予以信任，激励女性领导者建立自我认同，从而在更大程度上发挥优势。

中国知名母婴电商蜜芽的创始人兼首席执行官刘楠在其抖音个人账号发帖表示，职场女性或许永远无法平衡工作和家庭，这也导致她们在职业发展后期会非常艰难，企业需要为她们做的远远不止提供一份工作这样简单，还应该提供更多心灵上的支撑，帮助她们获得成就感和满足感。因此，企业需要在具体措施上为女性领导者赋能。首先，传媒组织应该充分认识到女性领导者对于组织融入媒体融合浪潮、提升多元竞争力的重要性,应充分肯定女性领导者的价值,并在此基础上建立科学的选拔制度和竞争机制,保障女性领导者享有平等的晋升机会。其次,组织应开展面向现有女性领导者定期分享经验的交流活动,为她们提供专门的培训或学习机会。这样做有两点好处:一方面,女性领导者能为其他女性员工树立榜样,吸引更多女性为自己在职场上更进一步而努力,积极参与竞争。另一方面,女性领导者能为男性领导者展现不同的领导方式,让男性领导者意识到,他们同样可以采用女性化刚柔并济的领导技巧。最后,组织应在特殊时期为女性领导者提供专门的福利。例如,为孕晚期的准妈妈提供远程办公的优待,为哺乳期的妈妈提供哺乳室,为新手父母设立看护假期等。

三、政府和社会

不论是网络时代,还是知识经济时代,都需要通过柔性领导来平衡当代人的焦虑和忙碌。女性所追求的已经不单纯是物质收获,更多的是希望在机会平等和良性竞争的环境中提升个人能力,实现个人价值,为生命加码,而这或许也是当代人的共同诉求。管理学大师彼得·德鲁克认为,这种时代的转变,刚好符合女性的特质。但是,就我国当前的国家和社会环境而言,长久以来沉淀的社会惯习和由此积累的观念认知,仍旧会在一定程度上阻碍传媒业女性领导力的发挥,要全面提升职业女性领导力,还需要国家和社会付出更多努力。

《关于进一步规范招聘行为促进妇女就业的通知》对招聘环节中的性别限定(国家规定的女职工禁忌劳动范围等情况除外)、婚育限制和差别化提高妇女录用标准等性别歧视现象做出细化规定,明确了监管机制,全方位部署了配套保障制度。《2020中国女性职场现状调查报告》显示,58.25%的女性遭遇了"应聘过程中被问及婚姻生育状况",27%的女性遭遇了"求职时用人单位限制岗位性别"。一方面,企业在具体落实方面"有水分",上文中也提到,为避免直接违反规定,面试官会侧面打探求职者的婚育情况,实际上仍旧设置了针对女性的职场"隐形门槛";另一方面,这种现状对国家政策和规定的制定提出了更高要求,有必要经过多方调研,综合考虑企业和女性的实际情况,通过政策制定最大限度地避免"打太极"和"绕圈子"的情况。同时加大监管和处罚力度,及时响应并切实调查举报内容。

加强社会服务建设也有助于改善女性在职场中被歧视的现象。传媒领域中有"智慧城市"这一概念,即利用新一代信息技术打通城市间各部门、各系统、各环节,提供集约化和智能化服务,包括电子政务、智慧交通、智慧社区等,目前已经在多个城市进行试点并取得了重要突破。国家可以根据实际情况延伸智慧城市的服务范围,提供安全完善的儿童看护、老人护理等服务,帮助女性领导者协调工作和家庭不能兼顾的矛盾。

客观来讲,传媒业女性领导力的充分发挥还有很长一段路要走。全体社会成员应摒弃旧有的不合时宜的观念,允许自己听到"不一样的声音",对传媒业女性领导者以及各行业女性领导者给予信任、尊重和帮助。

第四章　当代传媒业女性领导力提升的影响因素分析

中国正处于经济转型期,我们身处一个中国传统社会观念与现代社会价值观交织的多元化社会。随着现代传媒业的快速发展和国家媒体融合战略的深入推进,当代传媒业女性领导力的提升面临多重因素的影响,传媒业女性群体在领导力提升方面也面临诸多与以往不同的内外部环境。本章将以对多名传媒业在职女性的深度访谈原始资料为主,结合女性领导力提升已有的相关研究成果和数据资料,论述和分析当代传媒业女性领导力提升的影响因素,主要包括个人因素、家庭因素、组织因素和社会因素四个方面。其中,个人因素反映了个人专业与能力的限度;家庭因素对传媒业女性领导力起着支撑或羁绊的作用;组织因素依然是传媒业女性领导力提升的关键,也是在女性职业"玻璃天花板"的核心因素;社会因素作为"隐藏的因子"对传媒业女性领导力的提升有着持久的积极作用或消极作用。

第一节　个人因素:个人专业与能力的限度

个人因素是影响当代传媒业女性领导力的内部因素,传媒业女性自身的性格、思维方式、心理素质、专业素质和综合能力等,是塑造其领导力的重要因素。不同于其他影响因素具有"天生"特性,是与"生"俱来的,这里的个人因素更多是通过后天习得的。因此,个人因素并不是恒定不变的,它是动态变化着的,是可以经过后天的培养不断改善的。如个人的心理素质在经过一定的生活磨炼之后可以变得更强大,也可以变得更脆弱,当然,个人也可以通过心理辅导和自我修养去强化自身的心理素质。

亚里士多德认为,从本质上讲,人是一种社会性动物。马克思认为人的本质不是单个人所固有的抽象物,在其现实性上,它是一切社会关系的总和。因此,个人因素中的各个要素与家庭、组织和社会等外部环境是分不开的。个人因素是在不间断的社会实践中逐渐形成的。为全面、深入地剖析影响当代传媒业女性领导力提升的个人因素,笔者从实践角度分析,结合整理分析深度访谈原始资料中有关影响当代传媒业女性领导力提升的个人因素,将个人因素的内容分为性格匹配、个人经历、专业知识与技能和通用能力四个方面。

一、性格匹配

性格作为心理学研究领域的常用概念,主要是指个体对现实的稳定态度和与之相适应的习惯性行为方式。性格有两个基本特征:一是稳定性,即时间长度和发生概率相对稳定;二是习惯性,当某种情况发生时,个体做出的反应具有可预测性。性格蕴含的稳定性和习惯性导致不同性格的个体在面对同一情况时做出的反应和后续行为也不相同。不同个体具有不同的性格,即使同一个体也是多种性格特征的混合体,只是大多数情况下个体会表现出某种最显著的性格特征。[①] 从行动主义视角出发,领导力的最终指向是带领组织达成目标。而领导者的性格决定了其行为表现,领导者的行为又决定了组织能

---

① 王希,韩成芳.ABC型性格特征对领导行为的影响分析[J].管理观察,2013(34):134-135,137

否达成目标。西方心理学界公认的大五人格理论被认为涵盖了个体性格的所有方面,具体包括:开放性,包括想象力、审美、情感丰富、行动力、思辨力等特质;外向性,包括热情、积极性、合群性、有活力、独断性、勇于冒险等特质;宜人性,包括利他性、坦诚、信任、谦逊、顺从、同理心等特质;责任性,包括责任感、自律、有能力、条理性、审慎等特质;神经质性,包括冲动、脆弱、敌意、焦虑、抑郁等特质。① 石云鸣从大五人格理论出发,从领导者性格角度出发,总结了五种性格的领导者的领导力:变革型性格领导力、感染型性格领导力、同理型性格领导力、成就型性格领导力和抗压型性格领导力②。可见,不同性格特质可以表现为不同类型的领导力。只是,在不同的行动场景或工作环境中,组织应根据达成组织目标的需要匹配有利于组织决策与管理的领导者。

笔者发现,在对传媒业女性的深度访谈与观察过程中,细腻性、敏锐性、想象力、感性思维等偏女性化的性格特征被认为是在某些特定场景的管理与专业工作中可以提升其领导力的因素。如女性的细腻性格使领导者在组织管理中能够诉诸情感因素,与组织成员形成一种"家庭成员"氛围,在领导工作中更为灵活而舒畅,领导者也能获得组织成员的更多信任与支持,而不仅是"硬性"的上下级关系的命令与被命令。当然,女性细腻、柔和的性格特征在给组织管理带来有益影响的同时,也存在诸多弊端,如,管理过细影响组织战略部署、决策迟缓错失管理关键时机以及思想多疑影响人际关系等。③ 因此,就传媒业女性领导者而言,她们需要根据具体领导工作的实践情况匹配不同的性格特质,以提升其领导力。如女性领导者对工作的大局观把握能力不够,就应该注重培养自己的理性思维及理智的性格特质,培养系统性、整体性的思维方法,把握大局,做好组织的"领头人"。

---

① 罗杰,戴晓阳.中文形容词大五人格量表的初步编制Ⅰ:理论框架与测验信度[J].中国临床心理学杂志,2015,23(3):381-385.
② 石云鸣.基于大五人格理论的性格领导力类型分析[J].领导科学,2020(2):24-26.
③ 于文梅.女性领导性格弊端的放大效应与消除路径[J].领导科学,2020(3):82-84.

二、个人经历

从历史维度来看,由于领导力是在不断实践过程中形成的一系列能力,个人在生活、学习和工作当中的经历必然会对个人领导力产生不同程度的影响,这些个人经历包括在校学习经历、自学经理、社会经验和工作经历等。在笔者进行过深度采访的对象中,多数被采访者均提到了学生时代当过学生干部,并认为担任学生干部的经历无形之中塑造了她们现在的某些领导特质,如出色的组织管理能力、沟通与表达能力,以及敢于突破、敢于冒险和敢于创新等外向型性格特质。在校学习经历往往能在一定程度上反映出一个人知识、文化和技能等方面的综合素质。就教育和文化环境来讲,海外学校更加注重学生综合素质的培养,对学生个体也更加尊重,有海外留学经历者往往会更加自信,通常也有较强的动手能力和社交能力,其领导能力也会得到加强。在个人的成长经历中,自我学习是在自我能动性的驱动下自主性学习的体现,这种自主学习往往带有较强的目的性,或是为了考试,或是为了了解历史文化等知识,是个体提升综合素质的主要途径之一。个人过往的生活与工作经历也会影响其领导力。特别是女性,结婚和生育的经历让她们从女生转变为妇女(妈妈)。在这个过程中,她们从生理到心理、从生活到工作都经历了重大的变化,这些变化必然会影响她们对自身及周围事物的认知,甚至改变她们的价值观与人生观。如哺育儿女的过程,在婴儿降临人间一直到学会说话一年多的时间内,母亲要靠细致的观察和感受去体察婴儿的情感和需要,久而久之便锻炼出了敏锐的观察力,这些经历往往使得女性领导者比男性领导者更加敏感,对周围的人和事有更强的观察力。再加上女性通常容易感性,令女性领导者在感情方面表现得更加善解人意,更具亲和力。也正是因为有了这些经历,女性领导者更能设身处地地感受别人的痛苦,更容易关怀他人、亲近组织成员,最终达成感情的沟通。

三、专业知识与技能

《2020中国女性职场现状调查报告》显示,有32.06%的在职女性将职业晋升障碍归因于"个人能力和经验不足"。就当代传媒业女性领导力而言,专业知识与技能是提升其领导力和影响职业晋升极为重要的因素。因传媒业对专业知识与技能的特殊性职业要求,笔者所采访的所有对象都强调了专业知识与技能对职业晋升和开展领导工作的重要性。特别是在媒介技术与传媒业态快速发展与变革的当下,女性领导者拥有与时俱进的传媒专业知识与技能,不仅能让她们带领组织从战略到战术完成工作规划和任务目标,也能够赋予组织业务向前发展的原动力与创新力,令其成为媒体融合进程中的"弄潮儿"。具体来讲,与传媒业相关的专业知识与技能主要包括以下几方面内容:

(一)拥有新媒体信息传播的复合技能

在媒体融合时代,传播媒介之间的壁垒,乃至各行业之间的明确界限都已被打破或变得模糊,信息成为融合各行各业的黏合剂。传媒业和新闻出版也不再局限于文字、图片、音频和视频等单一的形式,而是多种媒介的融合,新闻记者的供稿方式除了一般的文字稿件,还会配上现场图片、视频或声音,甚至还配有现场的航拍视频,以呈现新闻现场的宏大场面。这些都与现代社会信息化叙事方式的要求相匹配,同样也要求传媒从业者(特别是新闻媒体从业者)必须具备撰写稿件、摄影、摄像、非线性编辑、出镜报道等复合技能,还要学会使用功能不断完善的各种高科技设备和工具。① 如体积轻巧的GoPro相机(全称为"GoPro极限运动相机",GoPro是美国运动相机厂商,该公司生产的相机现已被冲浪、滑雪、极限自行车及跳伞等极限运动团体广泛运用),具有轻便、易用和高质量视频画面等特征,在体育赛事、突发事件等新闻报道中能很

---

① 莫静.新媒体记者的技能要求[J].新闻研究导刊,2015,6(16):170,174.

好地完成摄影摄像功能;小巧灵活的无人机既可以提供多视角的新闻叙事方式,丰富新闻视频的画面层次感,也可以拍摄360°全景画面,制作成受众可以在手机上观看的全景H5(H5是一系列制作网页互动效果的技术集合,即移动端的Web页面)。

(二)拥有创作新媒体产品的互联网思维

在传统媒体时代,新闻生产是单向度传播的,媒体记者只要按照采编流程和审核机制将新闻生产出来,然后传播给受众就可以了。而在媒体融合时代,或称新媒体时代,新闻信息生产变成了双向互动模式。智能手机的出现使得"受众"变成"用户",用户实时在线,并且时刻渴望获取专业的新闻信息。加上因拥有智能手机而获得的媒介近用权,用户可以随时评论新闻、反馈信息,并在社交媒体上针对新闻事件进行互动交流,形成新闻事件的网络舆情。面对"受众"与"用户"的转换,当代传媒从业者必须拥有创作新媒体产品的互联网思维,即以用户至上的服务理念做好个性化、差异化和实时性的新闻信息服务工作,调整新闻信息采编与制作、信息审核与发布等流程,并站在用户的角度,利用新媒体技术,去创造用户"乐于看、乐于读和乐于传播"的新媒体产品,以"小步快跑"的互联网产品思维去不断优化新媒体产品,提高媒体的新闻信息服务能力。

(三)拥有良好的互联网信息媒介素养能力

这里提到的互联网信息媒介素养能力主要指对互联网信息真伪的鉴别能力和对新闻信息的深度解读与评论能力,前者主要针对当前移动互联网的"后真相时代",后者主要针对浅显化和碎片化的网络新闻阅读。媒体融合时代,"内容为王"依然是媒体机构进行媒体融合与转型所坚持的"王道"。一方面,在信息爆炸式增长的时代,虚假信息和谣言往往变得"狡猾而伪善",媒体从业者必须"透过现象看本质",习得鉴别互联网信息真伪的能力,以为用户提供新闻事实与真相为追求。另一方面,互联网信息广场的形成与发展,逐步演变为网络空间人际关系与信息传播的"圈层化"①,人们"圈层化"的人际网络固化了个体的观点与看法,并能引发观点的极化,进而导致网络空间舆论事件的理性讨论让位于情感诉求,社交互动情绪化,造成舆论"失焦"。此时,就需要发挥媒体从业者的新闻专业性,通过对舆论事件的深度解读与评论,拨开事件的"迷雾",引导社会舆论,让对社会舆论事件的探讨回归理性与价值。

四、通用能力

这里的通用能力指的是那些不属于特定行业应具备的属性、特点或行为,但它们恰恰是个人取得职业成功不可或缺的能力。英国商业与技术教育委员会(Business & Technology Council,简称 BTEC)认为,通用能力是指"一种可迁移的、从事任何职业都必不可少的跨职业的关键性能力。职业通用能力在成年人的职业生涯中,对专门职业能力的应用和个性发展,扮演着重要角色。通用能力为继续学习提供基础,使正在面临工作、教育和培训等多样性选择的人具有更强的竞争力"。从"通用"二字上看,通用能力具有可迁移性、普适性、持久性、价值性、复合性和不易模仿性②。关于通用能力的内涵结构,国内外学者的认识大同小异。学者梅耶(mayer)通过调查分析总结了个体进入职场的七个通用能力:分别是收集、分析、组织信息的能力;思想和信息的交流能力;计划和组织的能力;与其他人和团队工作的能力;数学思想和方法的使用能力;问题解决的能力;技术的运用能力。这七个通用能力也被称为"梅耶七能力"。英国 BTEC 作为英国职业资格授予机构,也总结出了七大通用能力:自我管理和自我发展的能力;与他人合作共事的能力;交往和联系的能力;安排任务和解决问题的能力;数字的运用能力;科技的应用能力;设计和创新的

---

① 彭兰.网络的圈子化:关系、文化、技术维度下的类聚与群分[J].编辑之友,2019(11):5-12.
② 吴国强.大学生职业通用能力测量及与就业绩效的关系研究[D].上海:复旦大学,2009:17.

能力。这七大能力与职业素质更为匹配,与当代传媒从业者的职业素质较为契合。英国 BTEC 还为上述七大通用能力分别概述了具体的能力驱动的行为结果(如表 3-1),以更好地衡量和测试通用能力。

表 3-1 英国 BTEC 七大通用能力的驱动行为结果

通用能力	驱动行为结果
自我管理与发展	1.自我任务安排与责任承担
	2.自我行为安排与课程实践
	3.确定自我发展方向
	4.发展自身更多的技能以适应新环境
与他人合作共事	1.尊重他人
	2.与群体有良好的交往
	3.在群体中更积极
交往和联系	1.自我任务安排与责任承担 1.处理变动的信息
	2.直接表达信息
	3.用书面形式交流
	4.用肢体语言交流
安排任务和解决问题	1.利用信息资源
	2.处理常规和非常规问题
	3.发现和解决问题
数字的应用	1.运用数字的技能和技巧
科技的应用	1.能使用各类科技设备和信息系统
设计和创新	1.利用节能理念和技术提出开发创新产品的想法
	2.有多维度思维方式

英国 BTEC 七大通用能力的驱动行为结果较为完整地概述了职场中各行各业的从业者应该具备的一般性通用能力。笔者通过对在职传媒业女性的采访和日常观察发现,在职传媒业女性的通用能力更为聚焦,侧重以胜任领导职

位、完成新闻传媒任务为主。概括来讲,当代传媒业女性的通用能力可以具体描述为十大能力:沟通能力、协调能力、团队合作能力、抗压能力、多线程工作能力、时间管理能力、情绪管理能力、逻辑思维能力、系统思维能力和创新思维能力。其中,沟通能力表现为传媒业女性与上下级及与组织团队的沟通和表达能力,协调能力表现为传媒业女性对人力、资源和其他事项的协调组织能力,团队合作能力表现为传媒业女性积极与团队一起达成目标的合作与协作能力,抗压能力表现为传媒业女性对工作压力、家庭压力和精神压力等内外在压力的抵抗能力,多线程工作能力表现为传媒业女性能够同时胜任多项任务的能力,时间管理能力主要指传媒业女性对自身在短、中、长期的时间安排与规划能力,情绪管理能力主要指传媒业女性对自身在不同场所管理情绪的能力,逻辑思维能力表现为传媒业女性对事物有一个科学、理性的思考方式,系统性思维能力表现为传媒业女性对事物能从整体出发、有大局观,创新思维能力表现为传媒业女性能跳出一般性规律,提出具有创造性想法的能力。就个人而言,这十大通用能力在不同人身上的表现各有差异,因为个人不同的天赋、秉性和经历决定了其通用能力的优劣。而对传媒业女性来说,一般情况下,通用能力越强,她就越能够胜任工作,领导管理能力也就越强。

第二节 家庭因素:支撑或羁绊

家庭的概念始于血缘和婚姻关系,在传统社会,家庭主要指基于血缘关系和婚姻关系的家庭成员组成的社会生活单元。随着现代社会的发展,收养关系被纳入家庭的概念范畴,家庭被认为是具有共同的居住、经济合作、再生产(生殖)特征的集团。作为社会生活的基本单位,家庭具有抚养、养育、保护、继承、教育等社会权利与义务,是国家法律规定下的合法的生活共同体。从社会关系与社会功能的角度看,家庭成员具有血缘、婚姻或收养关系,家庭承担着社会个体早期社会化、性满足、经济合作和供养老人等社会功能,是人类社会在发展过程中形成的非常重要的群居生活方式。

　　工作和家庭是个体开展社会实践的两个重要领域,在有关工作－家庭的研究理论中,工作－家庭边界理论和工作－家庭冲突理论具有典型代表性,一定程度上代表了家庭因素在影响传媒业女性领导力中发挥的积极作用和消极作用。其中,工作－家庭边界理论将个体的活动范围划分为工作和家庭两个领域,个体同时扮演家庭和工作不同的角色,并在具有渗透性和灵活性的两个边界中不断进行角色转换并完成活动。该理论认为,个体从某一角色表现中学到的知识、技能以及产生的积极情感能传递给其他角色活动,并带来正向影响,即在工作－家庭活动中起到促进作用。① 工作－家庭冲突理论则相反,该理论认为"工作－家庭冲突是一种内在的角色冲突,它源于工作和其他生活领域(例如家庭)的角色压力,在某些情况下彼此不兼容,以至于某一角色的参与会使得参与另一角色变得非常困难。"②工作－家庭活动中的冲突包括基于时间的冲突、基于压力的冲突和基于行为的冲突。基于上述两个工作－家庭理论,笔者认为,家庭因素在当代传媒业女性领导力的影响作用中,一方面有对在职传媒业女性领导力的支撑作用,另一方面也是对其领导力发挥的一种羁绊。本章探讨的家庭因素包括原生家庭的影响、伴侣的影响和家庭责任三方面。

---

① EDWARDS J R,ROTHBARD N P.Mechanisms linking work and family: clarifying the relationship between work and family constructs[J].Academy of management review,2000,25(1):178-199.
② GREENHAUS J H,BEUTELL N J.Sources of conflict between work and family roles[J].The academy of management review,1985,10(1):76-88.

一、原生家庭的影响

原生家庭(family-of-origin)是指个体情感经验学习的最初场所[①],即个体出生后逐渐成长为"社会的人"的家庭。原生家庭是个体最初接触并生长的环境,一定程度上塑造了个体的性格禀赋、思维方式、个人修养、人生观和价值观,特别是对个体心理具有重要的影响作用[②]。可见,原生家庭对个体的性格、心理素质、思维方式和行为模式等都会产生重要影响。具体而言,相对于职场的领导力来说,原生家庭主要通过影响个体的行为模式和心理机制来间接影响个体在职场的领导力。

在行为模式方面,个体后天的诸多行为模式带有明显的原生家庭"烙印"。已有研究证明,个体在原生家庭的成长过程中,作为受教育者、接受者和学习者,他(她)把父母当成学习的榜样,并从父母那里习得一些个体经验与感受,逐渐内化成自己特有的沟通方式、应对机制等生存法则[③]。特别是父母在沟通、表达和处理事务时的不良行为模式,在多次互动过程中,个体会将其行为模式内化为自身与外界接触与交往的行为模式,进而影响个体的心理健康。如在关于强迫症的研究中,学者对强迫症患者的原生家庭进行一系列研究后发现,强迫症与其家庭特质息息相关,父母对家庭、婚姻的完美主义与个体自身的易感性都是造成子女强迫症的原因[④],强迫症患者原生家庭的特点主要表现为亲密度较低、缺乏情感表达、缺乏文化娱乐活动和高矛盾性、高控制性,

---

① URCAN J D. Relationship of family of origin qualities and forgiveness to marital satisfaction[D].Doctoral Dis-sertation of Hofstra University,2011.
② 刘畅,伍春新,陈玲玲,等.幼儿父母的原生家庭对其协同教养的影响:人际间变量及性别一致性的调节作用[J].华南师范大学学报(社会科学版),2013,45(6):74-80.
③ 吴雨薇.论原生家庭对个体发展的影响——从家庭系统理论出发[J].泉州师范学院学报,2017,35(3):88-92.
④ HOOVER C F,INSEL T R. Families of origin in obsessive-compulsive disorder[J].Journal of nervous and mental disease,1984,172(4):207.

这些不良因素在强迫症的发病中起着极其重要的作用①。当然,原生家庭成员良好的行为习惯和思维方式,也会影响个体的心智和行为模式的养成,令其继承父母的"良好基因"。

在心理机制方面,原生家庭影响着个体最初的心理行为和情感模式,并对其应对外部环境的心理机制产生持续性影响。由于原生家庭是个体最先接触社会环境的场所,也是对个体情感模式的培养与启发的"孵化地",原生家庭对个体习得与外部环境的情感沟通方式和相处技巧具有重要作用。在有关心理抑郁和自杀的研究中显示,原生家庭环境因素中,不积极参与社交及娱乐活动、家庭关系疏远、矛盾性高等均与抑郁症状相关②,亲子关系中,母亲的抑郁程度与个体成年期抑郁有显著相关③。有学者测量了71名大学生对原生家庭的感知与现阶段心理调节能力的关系,发现原生家庭经验量表得分与被试者当前的焦虑、敌对、抑郁具有强相关性。④ 此外,研究调查表明,原生家庭结构的完整性、家庭成员的独立性,以及家庭功能中的行为控制和角色定位,都与大学生自杀的心理倾向呈显著相关性。⑤ 可见,原生家庭对个体心理机制有一定程度的影响,而个体的心理机制将直接影响其在职场的情感沟通、社会交往和抗压能力等。

此外,从现实生活角度,就传媒业女性领导者而言,原生家庭对其工作的

---

① 赵光国,曾昭祥,郭军.强迫症患者家庭环境及父母教育方式的对照研究[J].健康心理学杂志,2003,11(3):186-187.
② 王君,张洪波,王莉娜,等.安徽省大学生抑郁症状与人格特征和家庭环境的关系[J].中国学校卫生,2009(1):32-33.
③ GALVIN N.Can depression, dysphoric rumination and differentiation from family of origin be predicted? A comparative study of retired women raised by depressed mothers and retired women raised by non-depressed mothers[D].Denver:The University of the Rockies,2008.
④ O'LEARY J A, SEARIGHT H R, REUTERMAN N A, RUSSO J R.Perceived family of origin health and current adjustment[J].Psychological reports,1996(79):1326.
⑤ 郑爱民.自杀倾向大学生家庭因素及其家庭治疗的个案研究[D].南京:南京师范大学,2012.

支持与理解,也是原生家庭影响传媒业女性领导力的因素之一。笔者通过对在职传媒业女性的采访发现,原生家庭成员若对传媒业女性领导者的工作及事业持支持态度,将对传媒业女性领导力有正面影响;原生家庭成员若对传媒业女性领导者的工作及事业没有表明支持态度,而是要求其将更多精力放在新生家庭(通过结婚新组建的家庭)中,将对传媒业女性领导力有一定程度的负面影响。

二、伴侣的影响

随着现代社会的社会实践活动分工日益加深,处在职场竞争中的我们逐渐被市场经济的资本所"奴役",人们的精神世界变得越来越空虚孤寂。而我们每一个人都是社会的人,需要情感与精神的支持与鼓励。家庭伴侣在物质、情感和精神等方面的相互支持与鼓励,将间接影响家庭成员在职场的领导力,特别是对于已经处于领导岗位的女性来说更是如此。

现代社会,大部分家庭已经属于双职工家庭。从工作—家庭的双向角度来看,由于人们的时间和精力是有限的,夫妻双方应分配出有限的时间和精力来经营家庭关系和事务,此外还需要留出适量的时间精力来发展自身的工作与事业,以维持家庭的经济生活。同时,基于对家庭经济利益和事业发展的需要,夫妻双方也会自发形成相互支持对方的行为模式。笔者通过对深度访谈原始资料的整理发现,对于传媒业女性而言,伴侣(丈夫)的影响主要体现在两方面:

一方面是积极的支撑作用。具有强烈家庭倾向的丈夫,和持有超越男女平等主义的性别角色态度的丈夫,更能认同妻子的工作角色,并会通过分担家庭事务来为他们的妻子提供支持。[1] 伴侣在知识技能、家庭义务、情感和精神各方面给予支持和帮助,将协助女性提升工作过程的各方面综合素质,并间接

---

[1] GREENHAUS J H, BETELL N J. Sources of conflict between work and family roles. [J]. The academy of management review, 1985,10(1): 76-88.

帮助其提升领导力。这种支持和帮助具体表现为：伴侣尽量挤出时间照顾家庭，包括照顾儿女与老人，处理家庭事务等，让女性有更多时间处理和完成好工作任务；伴侣会在男性视角下，向妻子传授职场工作技巧，让她掌握更多男性化的工作方法；伴侣还会在妻子职场失意的时候对她进行精神安慰与鼓励，使其重新找回自信和勇气。另一方面是消极的阻碍作用，伴侣的职业发展可能会牺牲女性的工作时长和成为领导的机会，让其将更多时间和精力投入家庭。由于传统男权社会的思想痼疾，职场上仍然存在诸多对女性职业发展不利的性别歧视现象，导致女性在职场的职业发展机会和薪酬福利等方面不如男性。而双职工家庭在权衡夫妻双方的职业发展与家庭的时候，往往受到职场女性被性别歧视的影响。智联招聘联合宝宝树发布的《2020中国女性职场现状调查报告》显示，职场女性遭受的不公正多源于性别。因此，在这种职场大环境的背景因素下，家庭成员双方往往会倾向于将更多的工作时间留给男性，让其发展事业，女性则将更多时间投入对家庭的经营当中，制定以家庭共同体为基础的合作策略，而这种策略恰恰牺牲了女性的职场工作时长和成为领导的机会，阻碍了其领导力的发挥与提升。

三、家庭责任

目前，我国正处于经济社会转型期，人们的思想呈现出传统文化观念与现代化主体意识相互交织的状态，职业女性在主体意识逐步增强的同时，仍然会受到中国传统文化思想观念的束缚。在家庭生活中，"相夫教子""贤妻良母""勤俭持家""温柔敦厚""白首不渝""三从四德"等成语，体现出中国传统价值观念影响下的人们对女性家庭角色的重视，在"男尊女卑"传统观念中，女性更多以家庭生活为重，注重女性的家庭角色价值，否认其社会价值[①]。

---

① 孙建娥.当代职业女性的心理冲突及其道德调适[J].湖南师范大学社会科学学报,1996,25(1):114-118.

在现代社会,女性仍是家庭生活的主要实践者,家庭责任的主要承担者。所谓家庭责任,是指满足其他正式或非正式家庭成员需要的责任[①]。如生育儿女、陪伴与教育儿女、洗衣做饭、整理家庭内务、照顾老人等。承担过多家庭责任将耗费女性的时间和精力,使其难于抽出时间和精力学习与时俱进的工作相关业务知识,或将影响其工作时的精神状态,进而影响晋升。智联招聘联合宝宝树发布的《2020 中国女性职场现状调查报告》显示,在对女性晋升障碍的归因调查中(如图 4-1),8.3%的女性归因于"照顾家庭,职场精力分散",9.02%的女性归因于"处在婚育阶段,被动失去晋升",而因婚育被动失去晋升

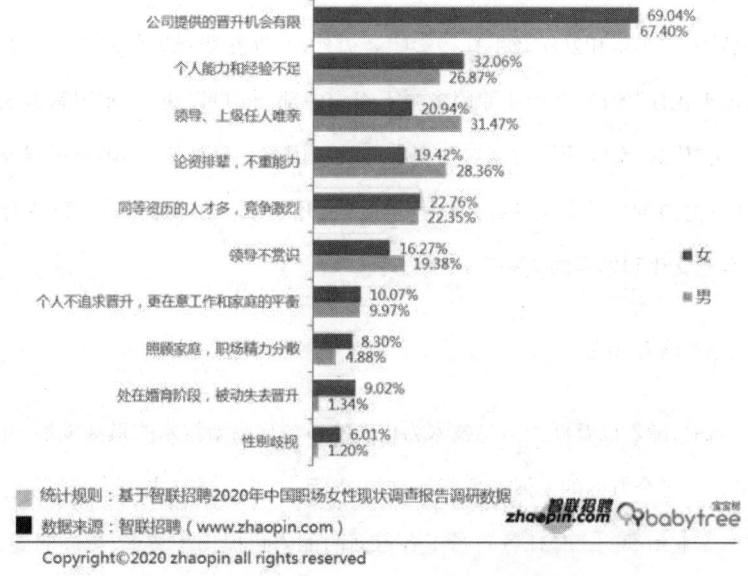

图 4-1 职场男性和女性的晋升障碍归因
(数据来源:智联招聘)

---

① BOYER S L, JR C P M, PEARSON A W, et al. Work-family conflict: a model of linkages between work and family domain variables and turnover intentions[J]. Journal of managerial issues, 2003,15(2): 175-190.

的男性仅占 1.34%,此外,还有 6.01% 的职场女性选择了"性别歧视"这一选项。由此可见,在职业女性的晋升障碍归因中,性别和家庭因素(婚姻和生育)带给女性的阻碍比男性更加明显。此外,笔者在对传媒业在职女性的采访过程中发现,超过四分之三的采访对象表示承担家庭责任对其职业晋升和领导力提升有不同程度的负面影响。

第三节 组织因素:提升的关键

由于组织是女性领导力得以产生、培养、发挥和实施并兑付结果的核心场所,企业组织或单位内的人事关系制度、组织文化、领导结果等因素,均会对女性领导力的实施和发展产生直接影响。另外,女性在职场要面对普遍存在的"玻璃天花板"效应,其产生原因多源于组织内部。[1] 可以说,组织因素很大程度上是(传媒)女性领导力发展与提升的关键因素。具体来讲,影响传媒业女性领导力的组织因素包括人才培养机制,晋升机制和组织内部环境(人际关系、企业文化和领导的结果等)三个方面。

一、人才培养机制

当前,随着以互联网信息技术为代表的新一代高新技术的迅猛发展,社会经济生活各个方面的发展速度正在加快,导致社会生产方式和生产力发生了变化,企业组织的工作任务对员工各方面的能力也提出了更多、更高的要求,这倒逼着组织需要进一步改革和完善人才培养机制,以适应经济社会发展。如 2016 年 3 月,中共中央印发了《关于深化人才发展体制机制改革的意见》,阐述了人才对于新时期社会主义建设的重要性,明确提出要在人才遴选、任用

---

[1] 郑其绪,孙万霞.女性职业发展的"玻璃天花板"效应探讨[J].山东理工大学学报(社会科学版),2013,29(5):22-26.

方面采取制度性的保障措施，并明确了优化人才培养机制的具体要求。又如2015年2月27日，在中央全面深化改革领导小组第十次会议上审议通过的《中国足球改革发展总体方案》，其本质就是应时代发展对足球人才的一种培养机制。

对女性来讲，无论其是组织中的普通员工、中层领导还是上层领导，一个科学、健全的人才培养机制，对其女性领导力当中的各种能力培养都能起到一定的提升效果。笔者通过采访在职传媒业女性发现，通过每年、每个季度或不定期组织人才培训活动，均会不同程度地提升其专业能力、业务能力或其他综合素质。如在职女性 X 就职于南方某三线城市的某媒体机构分部，每年会有一次去媒体机构总部北京参加培训学习的机会，学习最新、最前沿的新媒体知识与技能，接触媒体融合大潮流中最新潮的媒体机构人员的工作方式和思维模式。这些人才培训与学习活动对传媒业女性领导力都有直接、正向的提升作用。

然而，当前传媒业在人才培养机制方面还存在诸多影响传媒业女性领导力提升的问题。一是对传媒业女性领导者培养的重视程度不够。笔者采访的六位中层以上女性领导者中，有五位采访对象表示，其所在媒体机构对女性领导者的培养重视程度明显不足，在针对组织领导的人才培养活动中，组织往往将更多名额留给男性领导，而不会公平地以性别对参与人才培养活动的名额进行均等分配。这也是导致女性高层领导在组织中较少的原因之一；二是传媒业女性往往因家庭因素而放弃组织给予的人才培养机会。许多传媒业女性的中层领导表示，她们每年可以获得不少组织提供的人才培训机会，但因家庭责任往往不得不放弃部分培训的机会。如有采访对象描述了其曾因生育和哺乳期，直接错过了两次重要的中层领导培训机会，间接阻碍了其职业的晋升。三是组织人才培养机制有待完善。在媒体融合的传播环境下，面对不断发展与迭代的传媒新技术和新业态，人才教育与培养机制是培养与提升新时代传媒业女性领导力的重要一环。然而,据笔者采访的在职传媒业女性对其所在媒体机构的人才培养方面的描述情况和相关资料显示,目前媒体机构的人才培养机制对新媒体传播环境下的专业知识与技能、组织管理、媒体运营模式等内容并没有一个系统性的培训机制,多数媒体机构的人才培养方式具有暂时性而缺乏连续性和系统性,即停留在对某些表面"热点"现象的培养与教授上,如对如何运用手机、无人机进行新闻采访与报道进行实践性教学培训,并没有开设相关系列的课程去系统性深入讲授使用手机、无人机这些新媒介进行新闻报道所带来的思维模式、管理方式和新闻运营模式的变革。

二、晋升机制

晋升是指组织员工由低级职位向高级职位上升的过程,晋升机制是员工在组织员工职位体系中晋升的条件、方法和流程等系列制度。对传媒业女性而言,其领导力实施的最终的现实目标,是其职业的晋升,借以在组织中实现个人价值和社会价值。从现实的经济角度来讲,驱动领导力提升的核心目的之一,是职业的晋升和加薪。一般情况下,组织科学合理的晋升机制,会将拥有优秀和卓越领导力的员工提拔上来,担任各部门领导角色。如果组织的晋升机制不合理,存在诸如性别歧视和特殊待遇等条件,只提拔那些"关系户"或男性员工,而忽视那些拥有优秀和卓越领导力女性员工,或将打击女性员工的工作积极性,无助于女性领导力的提升意愿。从这个意义而言,组织的晋升机制公平和科学合理与否,将直接影响女性领导力的提升意愿。

从传媒业的角度,我们可以看到一些媒体事业单位晋升机制的弊端。以往在计划经济条件下,我们的媒体机构基本是事业单位或国有企业,其人力资源管理和职业层级基本遵循政府的行政级别,这种"官本位"的行政提拔机制与传媒业以业务驱动的职业晋升机制存在诸多不可调和的矛盾。如行政提拔机制导致的"能上不能下"、晋升"排队"、政治与业务"两张皮"等问题,与传媒业以能力和业绩驱动的人才评价标准存在本质的差异。这进一步导致了我国媒体机构职业晋升机制的畸形,使得有能力的员工无法获得职业上升空间。近年来,随着媒体事业单位自身的体制机制改革,以及媒体融合战略的深入推进,媒体机构的职业晋升机制也在逐步向以市场经济为导向的人才评价机制靠拢。如在年终绩效考核中将新媒体业务的业绩比例逐步提高,并重视个人业务创新能力的表现等。

虽然,随着传媒业"市场化"职业晋升机制的逐步改革,唯才是举的行业提拔标准渐形成风,媒体行业人才良性竞争的秩序将慢慢形成。然而,就传媒业女性而言,"玻璃天花板"仍在她们头顶。细究之,这与组织的职业晋升机制不无关系。这并不是指组织的职业晋升制度中有明文规定女性不能担任公司高管或晋升组织高层领导职位,而是组织的整个职业晋升机制(晋升条件、方法和流程等制度,包括上级的任命等)所形成的文化氛围,导致了一种看不见、摸不着的"成见"出现在组织内部。它是形成职业女性"玻璃天花板"效应的主要因素之一。

三、组织内部环境

组织作为职业女性进行工作活动的场所,除了人才培养机制和职业晋升机制对(传媒)女性领导力有直接的影响之外,组织内部环境的"软文化"对其领导力的提升也存在着影响作用。我们通过对在职传媒业女性深度访谈的原始资料分析和不定期观察发现,影响传媒业女性领导力提升的组织"软文化"主要包括企业文化、领导的结果和人际关系三个方面。

企业文化是企业在长期发展过程中形成的经营和管理理念,反映了企业深层的价值取向和行为方式,在一定程度上能够影响员工的管理、决策和创新等行为模式。① 企业文化的共同价值观会影响员工对待事物的评判标准和共识,使员工共同向着组织认定的目标而努力奋斗。这个意义上说,企业文化对组织的性别平等意识和员工的领导力起着隐性的塑造作用。如果组织的企业文化能够在工作任务承担、职业晋升和人才培训等各方面的具体行动中维持性别平等与公平,鼓励所有员工在具体的工作中无涉性别地尊重彼此,人人平等,并倡导女性主动发挥自身的才能,在互帮互助中共同成长,那么,(传媒)女性将在这样的组织环境中获得更多提升其领导力的资源,也有助于组织形成培养更多女性领导者的文化氛围。反之,企业文化可能会在一定程度上阻碍(传媒)女性领导力的发展。

领导的结果,主要指女性领导者在领导工作后所获得的直接或间接的结果,包括绩效奖金等物质奖励、奖状和口头表扬等精神嘉奖,以及周围同事的肯定与赞许等。这些结果将影响女性领导者对自身领导工作的认知、自身作为领导者的身份认同和价值认同,进而影响其对自身领导力进一步提升的意愿。如有在职传媒业女性在采访中说道,"我可能没有很强的事业心去做什么大领导。但是如果我处在一个中层领导岗位,我会衡量这个领导职位的结果,就是对我的回报,或者说是反馈,无论是物质的还是精神的。"这种对付出后的回报感,是其作为组织中的一员对实现自我价值和社会价值后的一种自我价值认同,它可以激励(传媒)女性领导者进一步提升其领导力,加强日后的领导和管理工作,以获得更多的价值认同。

人际关系是人们在人际交往过程中形成的心理关系,是一种心理上的距离感。本章提到的人际关系主要指在职女性组织中与同事和领导形成的心理关系或距离,这种心理关系也是社会关系与人脉社会资源的一种,其在职业资源争夺的职场场域中发挥着一定作用,是职业女性在竞争和博弈的职场场域

---

① 许婷,杨建君.股权激励、高管创新动力与创新能力——企业文化的调节作用[J].经济管理,2017,39(4):51-64.

中获得各类资本资源的重要因素之一。在组织中,员工拥有良好的人际关系,不但可以获得更多的社会资本(关系网络资源),也能为其带来更多的学习资源与机会,有助于其领导力或晋升机会的提升。如在职女性如果与组织中的人力资源部门和其他业务部门同事建立了良好的人际关系的话,人力资源部门所拥有的最新资讯其就能够优先知晓,并在与其他业务部门进行资源协调和任务协作时,其能够更加顺畅、高效地完成相关工作。另外,培养良好的人际关系,也是员工领导力提升的表现之一。

第四节 社会因素:隐藏的因子

改革开放 40 多年来,伴随着社会主义市场经济发展和西方现代社会思潮的"东进",虽然我国人民物质生活水平得到了很大提升,但人们的思想观念仍处在传统文化观念与现代社会思潮相交织的状态。在处于转型期的当代中国社会,社会中隐藏着诸多影响传媒业女性领导力的动态因素。一方面,虽然国家在各个层面倡导性别平等、尊重妇女,但传统观念中的"男尊女卑""男强女弱""男主外女主内"思想已经根深蒂固,彻底消除仍需时日,这些思想已形成一些性别歧视的不良社会文化和舆论氛围,对职业女性不利。另一方面,以互联网信息技术为代表的科学技术的发展与应用,正在掀起新一轮生产力改革,打破时空限制,变革传统的社会生产关系和生产方式,并赋予职场领导力更多内涵,为职业女性领导力的提升带来可能性。总体来讲,在当代中国,影响传媒业女性领导力提升的社会因素主要包括社会性别角色、社会舆论环境、技术的发展与使用三个方面。

一、社会性别角色

性别角色理论认为,性别是一种社会角色,是个体在长期的社会化过程中的一种角色身份。社会性别是基于可见的性别差异之上的社会关系的构成要求,是表示权力关系的一种基本方式。① 因而,社会性别关涉男性和女性在社会实践中所获得的社会资本的多少。有学者从历史维度分析了社会两性获取社会资本的状况发现,从原始社会到现代社会,社会两性从未实现过完全意义的性别平等。但是随着社会的进步,男权制对女性的压制已经大为减弱。女性不再仅仅受限于通过家庭来获取社会资本。接受教育与参加工作使得女性能有机会建立更为广泛和多样社会关系,以此来促进社会资本有大幅度增加。现代社会中两性的社会资本依然存在差距,尤其体现的职业上,但是总体而言这种差距已经缩小。②

所谓社会性别,不单单指性别生理差异上的男性和女性,而是在社会关系中的男性角色和女性角色,以及其所反应的男女社会关系。这种社会关系包括社会生活中由于男女两性不平等带来的社会资本、社会权力的差异,并对个体在社会实践中的社会资本积累、能力发展和社会行为产生一定程度的影响。个体或者群体以此展开的活动嵌入特定的社会模式中,这一模式包含着隐性权力次序。③ 从这个意义上说,传媒业女性社会性别角色在当代社会有其独特的优劣势,并在无形之中影响着女性领导力的提升。具体分析,传媒业女性社会性别角色的体现方式有以下几个方面。

其一,"女性美"的形象资本。相关研究表明,在传统职场中,男性领导善于运用职位权力,而女性领导者则更善于运用个人影响力。她们之所以偏爱个人影响力(个人权力),在于女性身上所散发的"女性美"。这种"女性美"不仅是外在落落大方、聘婷秀雅的形象美、气质美,也包括女性心思细腻、善解人意的性格美,女性善良、关爱人生的人格美以及善于倾听、善于语言表达,善于

---

① 杨晓宁.对女性主义社会性别概念的哲学透视[J].学术交流,2003(10):120-125.
② 肖裔学. 社会资本视角下的性别平等问题研究[D].武汉:华中师范大学,2019.
③ CONNELL R W.The concept of role and what to do with it[J].Journal of sociology,1979,15(3):7-17.

民主沟通、感情协调,善于处理人际关系,善于将情感和理性相结合,使组织环境变得富于人情味。① 这些"女性美"构成的形象资本,使她们更容易成为魅力型领导,拥有魅力型领导力。这种充满人性美和人格魅力的领导方式,也更契合现代社会的时代精神。然而,"女性美"的形象资本也可能带来负面效应,由于传统男权社会带来的对女性身体无处不在的"凝视",女性形象美的形象资本往往被他人看作是"猎取"社会资本的一种方式,被认为是女性在职场中获得职业晋升的一种捷径。

其二,女性化特质。女性不同于男性的生理特征,塑造了她们在性格、思维和心理等层面的女性化特质。如吃苦耐劳,富有坚韧性;感情丰富,富有同情心和同理心;直觉敏感,富有洞察力;天性博爱,富有无私奉献精神。② 这些优良品格有助于其领导力的提升。但她们也有一些影响其领导力的性格缺点,如感情丰富可能导致的自制力和心理承受力差;性格温柔,但遇事不果断,瞻前顾后,有时作茧自缚;受脆弱心理影响,不太愿意承担风险,缺乏闯劲;虽富有同情心,但自卑心理和依附心理较重;易受家庭所累,实践、锻炼、提高的机会较少,宏观决策和开拓创新能力较差等。③ 这些女性化特质在具体社会实践中会展现出不同的优劣势,从而影响其女性领导力的发挥。

其三,社会与家庭角色。在社会与家庭角色中,传统男权社会对女性形成了诸多刻板印象,如女性是柔软和顺从的,家庭中是男主外女主内、男强女弱的,女性是在精神和物质等方面是依附于男性的,女性是应该保守的,等等。这些传统的女性刻板印象在现代社会中仍有迹可循,如在影视剧和综艺节目中的女性被"物化",在社交媒体的交流互动中"女司机"形象再固化等。但随着性别平等意识和女权主义思想的传播与普及,以及全球女性领导者在各行

---

① 王丽慧,王玉英.女性官员与魅力型领导[J].继续教育与人事,2003(3):17-18.
② 周敏.女性领导力的特征及其喻义[J].山西师大学报(社会科学版),2011,38(5):120-123.
③ 殷美娟.新时期女性一把手如何适应角色需要[J].领导科学,2003(6):25-26.

各业的崛起,现代社会对女性的刻板印象正在逐步消散。然而,客观上,女性在职业角色和家庭角色中面临着精力的分配问题,包括面临生育、年龄、工作晋升等问题,导致其在职场仍存在不同程度的不平等问题,进而使女性在社会性别角色中处于相对弱势的一边,对女性领导力的发展产生不同程度的障碍。

二、社会舆论环境

一般来讲,社会舆论作为一种社会制约力量,具有正面和负面两大社会功能。正面舆论给个体提供正确的认识方向,负面舆论则对个体的认识和社会产生负面作用。当代中国社会,随着西方自由主义和女权主义等思潮的"流行",中国女性在西方现代思潮与中国传统文化观念的矛盾体中,逐渐形成女性主体意识。而中国当代社会舆论环境夹杂着"男尊女卑""贤妻良母""女性独立""女权主义"等互为矛盾的思想观念和认知意识。这种混合的社会性别文化在无形中形成了一种制约或推动女性领导力提升的社会舆论环境,具体有以下几方面表现。

一是社会舆论导致他人对女性(形象)刻板印象的固化。在中国的传统文化观念中,由于男女双方在社会实践分工中形成的"男主外女主内"的传统性别文化,女性主要承担家庭角色,她们并没有开发自身社会价值的个人意愿,正如美国女权主义理论家南尼特·芬克所说:"在寻找归宿的意义上,中国妇女对家庭的认同超过了对任何其他组织的认同……制约了她们对社会价值的追求。"[①]且在中国传统"男尊女卑"的思想观念下,她们在社会实践活动中的角色和能力并不突出,"女子无才便是德",她们往往被认为是社会角色中的弱者。现代社会,这种女性是"弱者"的刻板印象在社会舆论中常常被提起而得到再次固化,如网络舆论中愚笨、不会开车的"女司机"形象、社交媒体用户对

---

① 李银河.妇女:最漫长的革命[M].北京:生活·读书·新知三联书店,1997:251.

女性的"物化"和短视频平台诸多女性身体被"凝视"的短视频内容等现象,其背后的深层次原因均指向传统男权社会中"弱者"女性形象的刻板印象。这种刻板印象所形成的社会偏见,是职业女性"玻璃天花板"效应形成的社会因素之一,它不但会促使他人对当代职业女性产生成见,还可能形成不利女性职业发展的社会环境,阻碍女性领导力的发展。

二是社会舆论使女性对自身认知的"内卷化"。社会舆论是大众对某事件和社会现象观点和看法的集合体,个体对自我的认知、自我的身份认同,往往受社会舆论所影响。在当代中国的社会舆论环境下,领导者的形象往往被塑造为聪明能干、处事果断、思维敏捷和运筹帷幄的智者,这种形象更趋向于男性化。一个不争的事实是,尽管在社会舆论中有些许女性领导者的身影,但大部分为人所知的、具有代表性的领导者,无论是政府官员还是企业领导者往往是男性。这样的事实自然在女性的认知中被认为,男性更符合做领导者。而女性往往被媒体塑造成温柔、善良和贤惠等形象,即使有女性领导者,也会被称为"女强人",如格力集团董事长董明珠女士。而"女强人"往往被看作是对传统伦理观念的反叛,对男权中心秩序的人生挑战。[①] 大众对"女强人"的印象也"并不友好",人们一般认为"女强人"多是不顾家的女性,是牺牲情感和家庭生活,只忙于事业的有距离感的女性,甚至很多女性自身对"女强人"也没有"好感"。应该说,"女强人"这种称谓是一种本身带有"违背"舆论对传统女性形象的定义,社会舆论似乎在通过这种称谓提醒当代女性,回归传统女性的伦理生活才是正统。从另一个层面来说,是社会舆论在迫使女性对自身的认知要回归"正统"。另外,在消费主义盛行的移动互联网时代,女性主动或被动参与物化女性的现象随处可见,如短视频平台和综艺节目对女性身体的"符号消费"、社交媒体上物化女性的话题等。这种女性对自身认知的"内卷化"正在通

---

① 曹亚茹.现代女性人格的重塑与构建——朱秀娟婚恋小说中"女强人"形象解读[J].职大学报,2011(2):13-16.

过社会舆论逐步地发展,对女性领导力发展多有不利,值得媒体和社会进一步反思。

三是社会舆论中女权主义思潮的崛起促使了部分女性主体意识的觉醒。1955年,刚出版女性主义经典著作《第二性》才6年的法国作家西蒙娜·德·波伏娃(Simone de Beauvoir),被当时中国政府邀请来中国进行为期两个月的访问,成为了新中国女权主义思潮的开端。近年来,"ME TOO"等西方女权主义运动通过互联网传播到中国,引起了国内舆论对女权主义的广泛讨论。女权主义思潮的主要观点认为,现代社会是建立在以男性为中心的父权体系之上,我们应该去揭示社会中由性别政治、性别权力关系和社会性别意识等引起的性别歧视、性剥削和性压迫等现象和问题,以促进社会性别平等、推动保障女性权益和相关议题。在当代中国,随着中国女性在教育水平和市场经济地位的提升,以及中国政府积极推进女性参政议政的背景下,女权主义思想逐渐被中国广大女性所接受,女性的主体意识正在逐渐觉醒。她们不愿被动选择家庭角色,她们想找回自我,在生活上有自主性,在经济上有独立性,在思想上有自由性,不想再被男权中心秩序所束缚。这种女性主体意识觉醒的一个明显例证就是当代中国选择不婚或不育的女性越来越多,特别是北京等大城市的女性群体。据媒体报道,2020年北京的单身女性群体数量超过70万人,为全球城市单身女性数量之最。她们多是拥有独立经济地位和较高受教育程度的单身女性,她们追求生活和思想的个性、自由,不想被父权体系下的家庭所捆绑,有较强的女性主体意识。这种单身女性现象虽然是当代中国经济社会转型发展的各种因素所导致的,但女权主义思想对其有不可磨灭的促进作用。当然,社会舆论中女性主体意识的觉醒会给传媒业女性领导力的发展带来正面的社会舆论环境。

三、技术的发展与使用

当代中国,以互联网信息技术为代表的第四次工业革命正在重塑社会生产机制,给社会生产方式和生产关系带来了巨大变化。特别是在传媒业,智能手机的普及和宽带流量的普惠,让个体拥有媒介近用权,使得"人人都是麦克风",导致信息内容的传播模式发生了翻天覆地的变化,内容生产不再是单一的专业媒体机构,每个个体同样能生产和传播信息内容,产生 UGC(用户生产内容)、PGC(专业内容生产)、MCN(多渠道网络内容生产模式)等各类新兴的内容生产模式,逐步改变传媒业原有的组织运营模式和内容生产关系。同时,这种媒介技术的赋权也给知识生产带来变革,逐渐影响着人们对事物的认知模式和知识学习方式。这种技术的发展与使用,不断考验着媒体人的自我学习能力和适应能力,也在逐渐影响传媒业女性的工作—家庭角色,具体表现为:

一是技术的发展与使用对女性个体赋能,提升自我学习能力。互联网信息技术的快速发展,带来了一个"扁平化"的社会,人们在开放、共享和即时互动的互联网空间可以平等地接入、交流与互动,人人都能从互联网空间获得知识信息。在媒体融合的传播环境和新媒体业务模式的驱动下,在职传媒业女性需要不断学习新媒体技术专业知识与技能,以胜任在媒体融合环境下的组织任务。如在报道较大的新闻活动时,可能需要进行无人机直播,这时就需要传媒从业者具备操作和使用各类型无人机的技能,包括对无人机进行简单的调试和维修技能,并具备用无人机来进行新闻画面叙事的能力。另外,面对移动互联网传播的"两微一端",在对有关新闻事件进行宣传报道时,需要制作 H5、360°VR 全景图片或视频等,这些都需要传媒从业者具备相应的新媒体策划与制作技能。这些工作任务的要求倒逼在职传媒业女性需要进行自我能力提升,而互联网信息技术的普及,也给在职传媒业女性提供了各种学习新媒体技能的机会。互联网空间为所有人提供了各类免费或收费的新媒体知识与技能的学习材料,只要我们愿意花时间去学习,都能掌握一定的新媒体技能,以胜任有关新媒体工作任务。如有关无人机的实操技能、如何在各种场景下进行飞行和拍摄,以及数据可视化新闻如何制作的教程等。

二是技术的发展与使用挑战在职传媒业女性的职场适应能力。媒体融合趋势下,媒介技术的快速发展与迭代给在职传媒业女性的工作带来诸多挑战,需要其不断学习新知识新技能,并具备一定的创新能力,以在竞争激烈的新闻业、传媒业保持应有的市场竞争力。近几年,云计算、区块链、人工智能、自然语言处理等新兴技术发展迅猛,这些通用型技术的发展与应用,往往具有改变商业模式和内容运营模式的能力。如新闻机器人,这种利用人工智能和大数据技术的新闻写作与播报方式,完全颠覆了之前媒体机构的新闻内容采编流程和组织运营模式,不但需要传媒人员掌握一定的新媒体技能,还需要其适应新闻机器人"取代"传媒人部分职业技能的现实状况,以转变自身的职业与能力定位。这在以往都是没有过的,而且这种技术"取代"传媒人的工作的趋势愈演愈烈,需要在职传媒业女性有较高的职场适应能力,才能胜任本职工作。

三是影响传媒业女性的工作—庭角色。赋权理论关注的是社会结构中的受到社会偏见和歧视、自我提升途径受限的弱势群体,传媒业女性正是属于这种弱势群体。而赋权便是为转变这种消极的情境,赋予个体认识自我的价值、认识自我的能力,并且学会使用这种能力的过程。所谓新媒体赋权,即通过新媒体来赋予个体获取信息(包括异质性信息)、表达观点和参与行动的过程。由于互联网空间所具有的信息自由交流与表达的特性,上述作为社会弱势群体的女性群体权力抗争的女权主义思潮,近几年在社交媒体迅速传播开来,为女性主体意识的觉醒起到了不小的推动作用,进而促使部分受教育程度较高和经济独立的女性不再将回归家庭角色作为最终归宿,转而在自由、个性化和独立自主的价值观下追寻自身主体的价值认同和生活意义,这在某种意义上解构着传统意义上女性的工作—家庭二元角色体系。此外,在线远程办公模式的出现适当解决了工作—家庭角色上的时间冲突,使女性可以兼顾家庭和工作。如2020年新冠肺炎疫情期间,让不少职场人体验了远程办公,直观来看,职场妈妈拥有了更多时间陪伴孩子。但据智联招聘继续联合宝宝树发布的《2020中国女性职场现状调查报告》显示,远程办公让40.63%的职场妈妈认为比平时更加忙碌,46.05%的职场妈妈认为工作效率提升,37.92%的职场妈妈认为远程办公更方便照顾家庭。

第五章 当代传媒业女性领导力提升的实践路径

改革开放40多年来,中国传媒业经历了从计划经济到中国特色社会主义市场经济的社会大环境,经历了从广播电台、电视台到如今的互联网新媒体,经历了从小产业到如今的万亿级生产总值产业。其中,涌现出不少像敬一丹、黄文等当代传媒业的杰出女性,她们伴随着中国传媒业的崛起与发展,并在实践中彰显了传媒业女性领导力。为此,本章将综合纵向的历史维度和横向的空间对比维度,采用案例研究的方法,探析当代传媒业女性领导力的深层内涵;并结合前文的分析阐述,提出当代传媒业女性领导力提升的实践路径,以期对当代传媒业女性的领导力提升提供实践参考与思路。

案例研究方法(case study method)是一种经验性的研究方法,它是对历史性实践活动中某一复杂和具体的现象进行的深入和全面的实地考察[1],以期回答现象是"怎么回事"和"为什么"的问题[2]。根据不同的研究对象和研究性质,案例研究可以分为单案例研究和多案例研究。案例研究的深度和对案

---

[1] 孙海法,刘运国,方琳.案例研究的方法论[J].科研管理,2004(2):107-112.
[2] Yin, Robert K. Case study research: design and methods[M]. Blackwell Science Ltd, 1994.

例背景了解的程度不是由案例的个数次定,而是由案例研究的方法所决定的。[①] 本章采用单案例研究方法,以敬一丹和黄文为两个典型个案,试图揭示在时代背景下当代传媒业女性领导力的养成与提升过程,为当代传媒业女性领导力提升的实践路径提供依据。

第一节 案例一:敬一丹

一、人物经历

(一)个人简介

敬一丹,女,毕业于北京广播学院(中国传媒大学),硕士学位。中国广播电视学会播音主持委员会副理事长、中国电视艺术家协会主持人委员会主任、北京大学电视研究中心特聘研究员、中国传媒大学兼职教授。第九、十届全国政协委员,第十一届全国人大代表。

图 5-1 敬一丹在《焦点访谈》

1972 年赴黑龙江生产建设兵团即今黑龙江垦区做知青,1976 年考入北京广播学院(现中国传媒大学),1979 年大学毕业后任黑龙江电台播音员,1983 年母校读研究生并留校任教。1988 年加入中央电视台,曾任《焦点访谈》节目主持人,《感动中国》《经济半小时》《一丹话题》《东方时空》《声音》《新闻调查》等栏目主持人。2015 年 4 月底,敬一丹正式从央视退休。出版作品《一丹话题》《声

---

① Eisenhardt, K. M. Better Stories and Better Constructs: The Case for Rigor and Comparative Logic[J]. Academy of Management Review, 1991, 16(3):620-627.

音:一个电视人与观众的对话》《话筒前》《我遇到你》《我-末代工农兵学员》《那年那信》。连续获得3届中国播音主持"金话筒奖"。曾主持了香港回归、澳门回归、迎接新世纪等大型直播节目,是中央电视台最优秀的节目主持人之一。

(二)学习经历

敬一丹的学习经历带有深深的时代烙印。

1972—1976年,敬一丹初中毕业后在黑龙江省通河县清河镇清河林业局当知青,由于其在中学时代当过"广播员",她在当地林场的主要工作就是做广播,由于条件限制,她是林场广播站的广播员、记者、编辑、技术员、站长,采编播都由她一人承担,这段经历让她深深爱上了"广播员"这个职业。

1976—1979年,敬一丹作为当时最后一代工农兵学员(1970年到1976年间,基层青年通过推荐上大学)顺利考入北京广播学院(中国传媒大学),在为期两年的求学期间,她较为系统地学习了"广播员"应具备的知识和技能。

图5-2　1977年,敬一丹在北京广播学院(中国传媒大学)门口

1983—1985年,敬一丹考入北京广播学院(中国传媒大学)播音主持专业研究生班,师从著名播音员齐越老师进行播音主持研究生专业学习,并以《节

目主持人的语言特点》为硕士毕业论文,顺利毕业。

（三）工作经历

1979—1983 年,敬一丹本科毕业后进入黑龙江广播电台工作,从事播音工作,包括播天气预报、新闻专题、新闻事实、文学欣赏、电影录音剪辑等。20 世纪 80 年代初,电视初起,敬一丹奉命到黑龙江电视台客串播音员,首次接触了电视台播音员的工作角色。

1985 年,硕士研究生毕业后的敬一丹留在北京广播学院(中国传媒大学)任教,教授播音主持相关课程。

1988 年,敬一丹进入中央电视台,担任记者、节目主持人,在中央电视台经济部工作,主持《经济半小时》。1993 年,敬一丹获得第一届中国播音主持"金话筒奖";同年,担任《一丹话题》节目的主持人,而这也是全国第一个以主持人名字命名的节目,该节目于 1994 年 5 月结束。

1995 年,敬一丹进入中央电视台新闻评论部,同年获得第二届中国播音主持"金话筒奖"。1996 年,敬一丹参与主持中央电视台新闻评论部《焦点访谈》《东方时空》栏目,她沉稳淡雅的主持风格赢得了很多观众的喜爱,她也因此成为荧屏上的一大亮点。1997 年,敬一丹参与主持"香港回归"电视直播活动,同年获得第三届中国播音主持"金话筒奖"。1999 年,她参与主持"澳门回归"电视直播活动;2000 年开始主持《直播中国》电视节目;2002 年起与白岩松搭档主持《感动中国》节目长达 17 年之久;2003 年至 2004 年,主持新闻专题节目《声音》。2002 年、2003 年和 2007 年,三次获得央视年度乙等"优秀播音员主持人"。2005 年,获得"首届感动腾冲人物"。2010 年,敬一丹获得第 16 届上海电视节"电视主持人 30 年年度风云人物"。

2015 年 4 月,敬一丹在中央电视台正式退休。

2015 年 7 月,敬一丹当选为中国电视艺术家协会主持人专业委员会主任(第二届)。中国电视艺术家协会主持人专业委员会是中国电视艺术家协会

(中国文学艺术界联合会的团体会员)下设的电视艺术专业委员会之一,主要职责包括组织委员开展电视节目主持艺术的经验交流、业务探讨、人员培训和评比活动,为提高节目主持人的素质服务,为发展电视主持艺术服务。

2016年11月,敬一丹参加使命类公益扶贫节目《脱贫大决战》;2018年1月,主持文化传承节目《谢谢了,我的家》;2018年7月,主持党建理论讲述类节目《光荣的追寻》;2019年10月,担任《中央广播电视总台2019主持人大赛》专业评审;2019年10月,入选"70年70人·杰出演播艺术家"。

二、访谈描述

(一)个人成长描述

我出生在中华人民共和国成立初期,在我年少需要学习教育的重要阶段,赶上了我国社会主义建设的特殊时期("文化大革命"时期),我的个人学习生活与成长也被时代所裹挟。但幸运的是,因时代对媒体的需要,我很早就接触到了我所喜爱的媒介,并且这种接触伴随了我个人的成长。

从10岁初识话筒到末代工农兵学员

我第一次见到播音话筒,是在10岁上小学的时候,当时学校广播站要挑选小广播员,我被选中去面试,虽然落选了,但我第一次感受到了"话筒"的魅力。小升初的时候,在小学班主任的推荐下,我顺利当选了我们那四十四中学(哈尔滨第四十四中学)广播站的广播员,这个偶然的机会让我与"话筒"结下了缘分。这是我第一次做广播员,当时我们四十四中学广播站播报的内容都是"红色语录"。中学毕业后,和其他同龄人一样,我也做知青了,但我知青生涯的大部分工作都与"话筒"有关。最初我所在的班组干的活是修路,班组里选五大员的时候,我被选为读报员,平日里我就会与知青面对面读那些过期的"两报一刊"(《人民日报》《解放军报》《红旗杂志》)文章。后来班组跟着去建房子,工地建了临时广播站,我因为有了中学广播员的经历,成了这个临时广播站的广播员,平时广播的内容就是激励大伙:"添砖加瓦,大干快上!……同志们,加油干啊!"房子建好之后,广播站就撤了。

正当我为此感到失落的时候,山上的"新胜经营所"林场建了个广播站,因为之前有做广播员的经历,我顺利成为这个林场广播站的广播员,又开始了广播员的工作。由于当时的条件所限,在那个只有5平方米左右的小广播站里,只有十八九岁的我是广播员、记者、编辑、技术员、站长,采编播彻底合一,我干得认真充实,因为我太喜欢站在话筒前的感觉了。有一次,知青小伙伴们干活儿回来,问我:"我们在山上听广播,听不出是你播的,还是省电台播的?"我暗自得意,故作平静地回答他:"是我播的。"因为我当时把广播站办的有声有色,局里还在我们这儿开了广播工作现场会,我还一本正经地介绍我是怎么样办好广播的,其实,就是从心里喜欢。爱好,变成职业,那热情是不竭的,那动力是内在的,不用鼓励也会倾情投入。那个小广播站是我知青生活中最让我怀恋的地方。

后来,我被调到林业局广播站去了。这里不但有话筒,还有录音机,广播站也有工种分工明确,按部就班,机关式的正规。我后来想上学,因为有一次,省电台记者段续来我们林区采访临结束的时候,给我们讲了新闻业务课,讲到广播稿还分为消息、通讯、评论,后来我试着自己采写投稿,省报报社的编辑还送了我一本书鼓励我,在那个知识饥渴的年代,在专业老师的点拨下,我更加坚定了想上学的想法。

那时,要想上大学,需要基层推荐、层层选拔,才能成为工农兵学员。如能被推荐,已经是万幸,基本上自己没有选择学什么专业的余地。我之前几次被推荐,都没能成功,后来一次偶然的机会,我们省台受北京广播学院委托选拔播音考生,我才顺利考上了北京广播学院,且是以末代工农兵学员的身份上的大学。所谓"工农兵学员",就是1970年至1976年期间,通过推荐上大学的基层青年。我是最后一届工农兵学员,我们当时正赶上了"拨乱反正"的阶段,当时的大学生比前几届工农兵学员正规一点,但比恢复高考后的 77 级差很多,在学制上与 77 级差了两年,课程设置上也简化了很多。我们与 77 级不是届的区别,而是代的区别。因此,大学毕业在黑龙江省人民广播电台做了几年的播音员后,我选择了考研。

1983 年,我顺利考取北京广播学院研究生,师从齐越教授。回到母校攻读硕士期间,电视刚刚兴起,主持人方兴未艾,我被吸引了。于是,我把硕士论文题目定为"节目主持人的语言特点",这在当时是前沿领域,一向重视传统的齐越老师竟然一口答应了这个选题,并让我从一线实践调研开始。在齐越老师亲切的指导与帮助下,我走上了节目主持人研究之路,让我从更本质的意义上走进了话筒。后来回想,若是没有读研的这三年,就没有我后来的三十年。当我从一个研究者成为一个实践者,从广播播音员成为电视主持人,我的话筒前有了更大的空间。所以我讲,爱好成为职业,是一种幸福;"适合"支撑职业,这是长久的幸福。

父母的精神遗传

父母给我养成的习惯,就是精神的 DNA。我父母都是从事法律相关的工作,在家里,父亲喜欢读书看报,我的家里依然放着收音机,依然听《新闻和报纸摘要》。小时候,父亲还会为我们几个小孩子订阅属于我们自己的报纸杂志,这让我觉得生活多了好多乐趣。父亲性情温和,对我们几个孩子很少有批评,但他看到我在年少时兴致勃勃地摆弄纸糖时,对我说:"不要玩物丧志。"看我没明白,父亲还把这几个字写在纸上。这是我父亲对我说过的最重的话。这句话成为我自那以后的一种精神约束。当然,父亲也是以身作则的,不过自我约束得有点儿过了,他在年轻时期和老了之后都很少有闲情逸致,每天手不释卷,关心遥远世界的事。母亲是做公安工作的,所以说话明确简洁,利落鲜明,关键时刻能一语中的。

几十年来,父母都是我最忠实的听众和观众。有时我想,干我这行挺好的,随时可以让父母看到,随时可以让父母检阅。而他俩凭借从事法律工作练就的"火眼金睛"时刻点醒着我,也影响着我。我办《一丹话题》一年时,父亲跟我说:"见好就收吧!"提醒我避免成为强弩之末。母亲对我的批评一语中的:"你在《感动中国》里,没有比过去更好。"

现在回想,在我的职业角色里,我的观察判断、我的倾向、我的表达,很多是源于他们俩的种种遗传,或隐或现,点点滴滴,潜移默化,精神的遗传使得我成为今天的模样。

(二)工作经历描述

在职业生涯中赶上机遇是幸运的,我赶上了广播的高峰,又赶上了电视的高峰,还赶上了新闻节目的黄金时代,自然就有了难得的经历,也成就了自己的职业理想。

《一丹话题》

20世纪90年代,我从来没有想过国家电视台会有一个以主持人的名字冠名的电视节目,即使有,也不应该是我。然而,有一天,赵化勇主任平静地对我说:"你可以办一个言论性栏目,叫《一丹话题》。"我当时惊讶得不知道如何接话。我是A型血,据说,这个血型的人保守谨慎,做事还没开头就想到结尾了。我当时的感觉就是这样,我不怎么主动,不怎么敢去做没有先例的事,通常选择是随着、顺着,不会"明知山有虎,偏向虎山行"。在征求父母的意见后,我犹豫了几个月。后来,在赵华勇主任的催促下,我终于认认真真地开始准备。

由于这是一档"开先河"的言论性电视节目,《一丹话题》最初的选题并不是研究出来的,而是"感觉"出来的,很多选题源于长久的观察,偶然的触发。1993年年初,当时中国刚刚确定了市场经济的方向,经济社会转型初期的新旧思想碰撞,社会秩序平衡被打破,给人一种潮流前夕的敏感。我和周围的人一样,也处在碰撞中、激荡中、困惑中、失衡中,身边的变化使得我很自然地把

图 5-3　敬一丹与《一丹话题》节目组

目光聚焦在"人"上，就是转型时期那些变化着的人。人的观念与思维、人的行为与选择、人的失衡与调整，这些都与当时的时代大背景相关。人，成为社会变化中最活跃的因素，也激发着我探究和表达的欲望。

我的研究生同学陆芸说，《一丹话题》是我"永远一岁的女儿"，我觉得挺贴切的。她像我，好的地方像，毛病也像，不足也像，局限也像。在我的各种节目里，这一个有着我最多的遗传。

中央电视台新闻评论部

中央电视台新闻评论部是我工作时间最久的地方，《焦点访谈》《东方时空》《新闻调查》《实话实说》《世界》《面对面》《新闻1+1》等节目均出自新闻评论部的小伙伴之手。与白岩松、水均益、何绍伟等优秀的小伙伴一起工作，我能学习到很多很多东西，就像我在我的作品《我遇到你》中曾说的："去哪儿，很重要，与谁一起去，同样重要；做什么，很重要，与谁一起做，同样重要。"

《焦点访谈》是深度新闻报道栏目，节目通过调查、追踪和隐性采访报道揭露社会生活多个方面的违法犯罪行为，实现电视新闻节目舆论监督功能。在这种节目性质下，我们女性的"温"反而是一种批评。在做《焦点访谈》之初，制

图 5-4 录制《焦点访谈》间隙的敬一丹

片人曾对我说:"没有锐气,没有锋芒,缺少刚性。"孙玉胜也跟我说:"你是介于传统和前卫之间的形象。"当我看到同事们做出那些强有力影响社会的节目时,我总会由衷地喜欢,也由衷地感到自愧不如。于是,我开始反思。节目要求和我的能力、性格之间确实有冲突,但我也不想违背内心。在选题上,我比较倾向于中性话题、现象分析,不太胜任短兵相接的监督报道。我有点迷惑,也试图改变,但还是没能改变。后来《焦点访谈》实行了总主持人制,我们几个总主持人更多从事演播室的工作,我慢慢找到感觉了。我觉得演播室需要和现场拉开一定距离,需要沉淀下来思考,主持人的言论不仅要锐利,更重要的是要有分寸感并把握平衡。舆论监督节目带来的是痛感,锋芒毕露的人带来的是刺痛,我带来的可能是隐痛。我承认我当时的认识有限,思索有限,所以表达也得留有余地,否则明天我可能会为我昨天说的话脸红。《焦点访谈》越火,我就越觉得得格外谨慎,每一个镜头、每一句话都可能影响一个人的命运——不管他是强势还是弱势。

现在回顾起来,我能够在《焦点访谈》坚持 20 来年,是因为我有韧性。韧性,并不是消极地忍耐,韧性靠一种积极的心理支撑。不忘初心,想探究,想弄明白,保持出发时的好奇,才有长久的内在动力。挫折也会磨练韧性。我记得当初在加盟《焦点访谈》时,我兴奋地对时任副台长沈纪说:"我要去《焦点访谈》,舆论监督台有吸引力了。"沈纪台长微笑着对我说:"不要太理想化啊!"后来的日子,我慢慢懂得了这句话。保持理想,又不过于理想化,这是一种职业状态,这种状态,能让人走得更远。承受、忍受、享受,这本是我们这个职业包含着的不同侧面,我觉得只有享受是不可能的,能承受、忍受,才能享受这个职业带来的成就感和满足感。

(三)传统媒体与新媒体描述

我们传统媒体的人,特别是《焦点访谈》的人,多年来就有一种代言意识:"我们为百姓代言""我们为弱势人群代言"。现在有了自媒体,不需要代言了,自己能发言。在网络上,媒体常能听到批评之声,这让我意识到,媒体环境变了。我近些年陆续走进北京、上海、江西、云南、西藏、南京的一些大学,时常问同学们是不是经常使用微博微信。我之所以一再去问大学生这个问题,是因为我看重他们的选择,他们是看电视长大的一代,同时又是网络的"原住民",他们渐远电视,其实就在改变着电视。

如果在新的媒体环境里还像过去那样办电视,我们会失去年轻的观众。以后,也许有一天,更年轻的人会发问:"什么叫《焦点访谈》?"从情感上,我不愿意看到这样的情景,我更愿意看到传统媒体和新媒体的融合,大屏小屏连接起不同的人群,满足人们不同的需求,让这个世界有更多选择、更多层次、更多色彩。作为电视人,能不能在新媒体里吸收营养,让自己多一种接地气的方式?能不能在新媒体里增强判断力,让自己迸发思想的火花?能不能在新媒体里激发创新能力,让老栏目更有活力?我们要且行且自问。

三、案例分析

毫无疑问,敬一丹是一名优秀而值得后辈学习的媒体人,她的职业经历不仅是个人的,更关联着一个国家、时代的发展轨迹。作为记者、主持人和学者,敬一丹在中国的主流媒介发展变迁中始终保持一种认真、谦和、坚韧的态度来做好媒体工作。从敬一丹丰富的媒体从业经历中，我们不但能感受到作为"敬大姐"的女性人格魅力，更可以分析出未来作为优秀传媒业女性从业者应具备的一些基本特质与素养。

一是由爱好变成职业。由于敬一丹特殊的时代背景，小学与中学的特殊经历，以及其知识分子家庭的媒介使用习惯影响。敬一丹在那个年代可以很幸运地将"话筒"这个爱好转换成职业。这种将爱好变成职业的好处之一，就是能激发其对职业工作的长期热情投入。就像敬一丹在"新胜经营所"林场的那个小广播站，虽然整个广播站只有她一人，由于对"话筒"的喜爱，敬一丹当时全身心投入，一人兼职广播员、记者、编辑、技术员和站长几个职务，她并没有感觉做不下去，反而凭借一腔热情做出了成绩。敬一丹在其作品《我遇见你》中写道："38岁，我创办《一丹话题》，脑力体力满负荷投入，也没觉得和10年前有什么不同。"可见敬一丹对其"女儿"所投入的热情程度。再则，从敬一丹在中央电视台新闻评论部近20年的媒体工作来看，包括长期对《焦点访谈》《感动中国》等电视节目的主持工作，可以看出这种对职业的"热情"始终伴随着敬一丹。

二是素质准备与实践锤炼。新闻媒体是一种重要的社会力量，自从诞生并普及就与透明、民主、公正紧密联系在一起，表现出旺盛的生命力和强大的影响力，在西方被称为"第四种权力"。公众对媒体的信任树立起媒体的权威，媒体作为大众喉舌的作用日渐显现。继之而来的媒体的监督和代言功能令其具备了一种被俗称为"无冕之王"的软实力。且新闻媒体在引领风气、维护稳定、倡导健康生活以及及时准确客观公正地传达信息方面更是有着无可替代的重要作用。① 作为新闻媒体人，特别是新闻评论类电视节目主持人，敬一丹凭借其丰富的实践阅历与专业的新闻和节目主持人素养，成功做出了《一

---

① 郭风波.关于当代媒体功能及社会价值观的现实认识[J].青海师范大学学报(哲学社会科学版),2012,34(4):157-159.

丹话题》《焦点访谈》《感动中国》等一批有影响力的电视节目。报人哈悦曾说,担任言论节目(指《一丹话题》)并不是一件很讨好的差事,如何把应该受到关注的新闻点反应的意味深长,要看主持人自身的功力。白谦诚老师在评论《一丹话题》时指出:多年实践的锤炼,高等学府的深造,采编播基本功,是《一丹话题》的基础。

三是对年龄、性别的"迟钝"和对职业的"敏感"。敬一丹表示,她对自身年龄和性别的反应都"迟钝"。在年龄"迟钝"方面,敬一丹并没有注意自身的年龄问题,她 40 岁才加盟《焦点访谈》,当时《焦点访谈》《东方时空》团队的平均年龄 30 岁左右,水均益比她小 8 岁,白岩松比她小 13 岁,她周围一派青春气息。直到被《中国青年报》记者专访,专访新闻稿标题是:《敬一丹,另一种中年》,她这才意识到,自己已经到中年了。在性别"迟钝"方面,在早期的《东方时空》,除了敬一丹以外都是男主持人,栏目长期阳盛阴衰,敬一丹也没有觉得有什么特别的。刚到电视台的时候,敬一丹也没有觉得自己不化妆主持节目有什么不妥,平常采访、出差、走山路、熬夜编片,她也很少会去想应当女士优先、自己应当被关照什么的。后来,她成为全国政协委员,恰好在妇联界,被周围的大姐们影响着,才稍微有了些性别意识。然而,敬一丹认为,这种对年龄、性别的"迟钝",反而成全了她对职业的"敏感"。人到中年,似乎会不可避免地出现惰性和惯性,敬一丹觉得在一群在生理和心理年龄都比她年轻的同事中被感染、被影响、被裹挟,是她保持学习和进步的一种方式。

另外,敬一丹所在的团队营造了一种良好的以职业感为指标的职业发展路线图。《东方时空》创办人孙玉胜对新闻节目主持人的要求是:一个优秀主持人的外在标准应该是具有个性、魅力和激情,内在标准是要有良好的职业敏感能力,也就是发现能力,还要具备出色的写作能力和表达能力。他提出"记者——名记者——主持人——名主持人"的理念,这使得中央电视台新闻评论部几个栏目的主持人形成阵容。在这样的团队里面,主持人职业发展的指标就不会停留在年龄、性别和相貌,更多是看主持人能否被观众认可,能否与栏目贴合,最重要的是其职业感。

四是做一个传媒思考者。敬一丹认为,作为一个传媒人,应该时刻保持思考,多对自己发问,探寻新闻事实和传播现象背后的真相。如有着担任政协委员经历的敬一丹,在观察媒体对"两会"提案的报道时,会对比其自身参与"两会"的提案内容和媒体报道出来的"两会"提案内容的差异,思考能不能更真实、准确、鲜活地传达出两会的声音?能不能以发现的眼睛、主动的姿态去传播有价值的信息?还有"两会"期间报刊、广播、电视、网络铺天盖地的信息传播下,有多少信息有效到达了?受众是否来得及思索?而"两会"一闭幕,消息一下子又没有了,如同关了水龙头。又如敬一丹在观察传统媒体和新媒体在报道和传播 2015 年元旦期间突发事件(上海外滩踩踏事件、哈尔滨大火、云南巍山大火)时对一系列问题的关注:大型活动改制的信息传播是不是足够充分?有没有最大限度地利用媒体广而告之?火灾的官方通稿为什么招骂?官方为什么禁止转发相关信息?危机后有的举措为什么忽视民众感受、缺乏人文关怀?为什么展示领导重视和介绍灾难篇幅不对等的"八股文"屡见媒体?与事故相关的舆情也不断在网络空间升温发酵,舆情又是怎么形成的?危机如何应对?怎样运用媒体去沟通?这些在新媒体传播环境下的新现象、新问题、新情况,都需要媒体工作者去认真思考研究,逐步认识新媒体环境下的信息传播规律、舆情传播特征和舆论引导方法。这样才能适应和胜任媒体融合环境下的传媒工作任务。

第二节 案例二:黄文

一、人物经历

（一）个人简介

黄文,女,文学(传播学)博士,现任新华社中国图片集团副总裁,曾任新华社新闻信息中心推介部主任,新华社高级编辑、首席图片市场分析师。1989年毕业于中国人民大学新闻系新闻摄影专业,并进入新华社摄影部,历任助理图片编辑、图片编辑;1995年10月至11月,作为中国首位学员赴荷兰阿姆斯特丹,参加世界新闻摄影基金会举办的"乔普·斯瓦特大师班"学习,同年11月,图片故事《学京剧的孩子们》在第十届法国昂热国际独家新闻节获得"文化新闻图片奖";1997年11月至1999年12月任新华社常驻德国摄影记者。

图 5-5　黄文谈"荷赛"

1999年3月至5月,作为新中国第一位赴国际战场的女摄影记者前往南斯拉夫联盟共和国,报道科索沃战争。同年5月获得中宣部及国家人事部授予的"优秀新闻工作者"称号和奖章;1999年8月,获全国十佳新闻摄影记者"金眼奖";2000年3月,在《人民摄影报》举办的年赛中,获得"1999年度杰出摄影记者"称号。同年5月,个人战地摄影集《标靶》在北京出版。2000年12月至2002年8月,在中央电视台与新华社摄影部合办的电视栏目《瞬间世界》中任嘉宾主持人,先后为100余位国内外摄影家做访谈。2001年9月至今,在职攻读中国人民大学新闻学院传播学博士学位,研究课题为"数字化语境中的

图 5-6　轰炸后的南联盟大使馆（黄文 摄）

图像传播"。2002 年 8 月至 2003 年 10 月，获得美国奈特·里德新闻基金会"莱尔与柯瑞恩国际新闻奖学金"，作为高级访问学者赴斯坦福大学学习。2005 年 11 月调任新华社新闻信息中心推介部主任、首席市场分析师。2006 年 2 月赴荷兰，任第 49 届（2006 年度）世界新闻摄影比赛（荷赛）评委，并于 2007 年再次担任第 50 届荷赛评委。此外，她还是平遥国际摄影大展策展人，自 2005 年起，担任中国国际新闻摄影比赛（华赛）组委会执行秘书。2018 年，任新华社中国图片集团副总裁。

（二）学习经历

1985 年至 1989 年，黄文以新华社摄影部委培的形式进入中国人民大学新闻系学习新闻摄影本科专业。

2001 年 9 月至 2007 年 1 月，在职攻读中国人民大学传播学博士学位，期间在 2002 年 8 月至 2003 年 10 月，获得美国奈特·里德新闻基金会"莱尔与柯瑞恩国际新闻奖学金"，作为高级访问学者赴美国斯坦福大学访学一年。

(三)工作经历

1989年8月至2005年的11月,在新华社摄影部工作了16年,主要工作包括新闻摄影、图片编辑等。期间1999年3月到5月,在科索沃战争当中做新华社的战地摄影记者,被称为"中国第一位参加国际战争报道的女摄影记者"。

2005年11月至2018年11月,调任新华社新闻信息中心工作,在新华社新闻信息中心的工作以推广新华社的产品和服务为主,曾任首席市场分析师、新闻信息中心推介部主任。

图5-7 黄文在新华社出席会议

2018年11月至今,调任新华社下属中国图片集团工作,任中国图片集团副总裁,中国图片集团成立于1950年,早期属于新华社摄影部,目前中国图片集团的主要业务包括影像制作、放大、黑白彩色胶卷冲扩,制作照片,销售展览照片等。

二、访谈描述

(一)职业晋升描述

我有自己做记者和编辑的生产内容全流程的经验,有过海外的留学和工作经验,然后又有市场经营13年的经验,现在我做的是管理工作。其实我觉得我在影像这个领域走了一个比较完整的闭环,基本上把图片行业的"圈"给画圆了。但我从摄影记者晋升到新闻信息中心推荐部主任,再到现在担任中国图片集团副总裁的职业晋升之路其实还蛮坎坷的,总结下来,主要有以下几个原因。

首先,身份转换后的心理落差:从"别人求我"到"我求别人"。之前在做新华社图片编辑的时候,我有较大的自主性,做完图片编辑我就没有事情了,可以回家休息。转型到市场部门后,我突然发现我的角色从甲方变成乙方了。因为在我做新华社记者的时候,是别人在"求我",但做市场之后,我突然发现我现在的努力方向是要把那些被人崇拜的、被人敬仰的一些同事的作品卖出去,卖给我们的用户,而这些作品当中有一些特别好,也有一些可能并不是特别好。因为我自己经历过这种作品生产的过程,我知道自己的工作状态有高峰也有低谷,有的时候自己做的东西就比较平庸,这都是有可能的。但是不管处于什么状态,如果我的任务是努力把产品卖出去,那么我在心理上的转化是要花时间的,因为我会有落差,从别人"求"我变成我"求"别人,这是一个很大的角色身份转换。

其次,身份转换后的技能差异:在接近40岁的年纪从零开始学习新的技能。刚调到营销部门的时候,我连什么叫环比、什么叫同比、什么叫流转额都不懂,一切要从零开始。其实我完成身份转换是很辛苦的,而且有些同事也是不理解的,尤其是我过去在新闻摄影领域几乎已经是站在金字塔尖的状态,换岗后一下就跌到谷底,从零开始,什么都不会,是一个新人。这时我就会跟同事学、跟对手学、跟用户学、跟市场学。我认为,做记者是把自己的思想装进别人脑子里,而做营销是把别人的钱掏到自己兜里,要以需求端来衡量自己的生产。

最后,个人性格较强:强势的性格让我的成长之路经历了很多波折。现在回首反思自己的成长过程,我就在想一点,就是个性强会让我在很多事情上坚持,我愿意坚持、愿意咬紧牙关,碰到困难的时候愿意去碰硬,愿意去坚持去做很多事。但个性强,也会让我在坚持的过程当中走向偏执。这种偏执有些时候就表现为一种不配合——配合度不够,或者叫圆滑度不够。用圆滑这个词可能有点负面,有的时候别人就会觉得我会给人带来压力,这个压力不仅仅是我的才华带来的,还是我的不配合带来的。比如别人对我示好,我并没有给人家足够善意的回应,别人就会觉得我傲气,这样就会令别人不愉快,进而引发不满,这些其实是影响我的成长的。这种骄傲引发的问题,我其实从小到大一直都在经历着,这些问题会给我带来一些挫折,再加上我比较有个性,有些时候主意又比较正,凡事喜欢自己做决定,很多事情上领导就会觉得我多多少少有一点不好用。也就是说我在业务上很优秀,但可能领导"用"我的时候就没那么顺手,所以我的职业成长经历其实并不是很顺利。

(二)媒体融合描述

对国内媒体融合进程起到重要推动作用

说起媒体融合这个事来我还蛮骄傲的。2003年,我在美国斯坦福大学访学期间,在硅谷,我每天过的是那种去中心化的生活,每天都会接触数字化的东西,像当时接触的谷歌、Adobe等全部都是数字化的,这段经历让我感触颇深。回国之后我马上跟我导师说我要换博士论文选题,题目叫《数字化语境中的图像传播》。2008年,中国文联出版社出版了我的博士论文,这也是国内媒体融合研究较早的中文专著。就是在那个阶段,中国开始尝试着有一批最早的,给传统的新闻摄影工作者和文字新闻工作者进行全媒体化技能培训,我是发起人之一。中国最早的一批从文字记者或者摄影记者转成所谓的"全媒体记者"的那些学生,实际上是我和一个当时的英国教育团队一起启动的这个培训项目的产物。这个培训项目最早是在大连一个医科大学里面的一个艺术摄影专业开展的,是跟英国博尔顿大学合作的,我们希望能够招收中国的年轻人,开始进行全媒体的技能培训。

2006 年,我们就和英国博尔顿大学合作主办了第一次的全媒体人才培养项目,当时的培养对象还都是学生,2008—2009 年,我们的英国合作方就问我说,你们能不能邀请一些中国的主流媒体人来参加这种培训?他们想做一个有硕士学位的专业培训。我当时邀请的是《南方都市报》的摄影部主任、上海《东方早报》的摄影部主任兼副总编辑,这两位后来都成了我的学生。后来的澎湃新闻、梨视频的主要负责人也都是从那个培训班里产生的。在那儿学习完了之后,他们开始把这些班介绍给同事或部下,让更多的人到班上去学习。《南方都市报》开创了全媒体的工作环境,报社员工一半是摄影记者,一半是摄像记者。《东方早报》也是这样,它从 2008 年汶川大地震开始做融媒体的尝试,主要是从影视幻灯片开始的。2008 年,新华社第一期的融媒体培训班是我办的,2009 年,我记得很清楚,美国和英国的老师过来讲课,那个时候我已经在新闻信息中心做市场工作了,但我还是去做了这期培训班,所以新媒体观念这方面我觉得我在中国应该是一直走在前面的。实际上直到现在,参加过培训班的这些人都还是当下中国媒体行业中的领军人物,他们是融媒体行业的中坚力量,是非常优秀的一批种子选手。经过这些年的发展,媒体行业现在已经进入旺盛发展阶段,回头看过去十几年,我很开心,在这件事上我还真的起到了一点推动作用,做了点工作。

对于媒体融合当下及未来发展的认识

在此之前,媒体融合发展可能在技术上存在很大的瓶颈。这里指的技术包括两个技术:一个是视频技术,就是本身视频的采编技术;一个是平台的技术,就是信息传播技术。我是觉得平台的技术随着这些社交平台的发展和主流媒体这种追赶,已经越拉越平了。视频技术领域的采集、编辑这方面的技能技术,也在随着这些编辑软件、采集软件的陆续兴起,门槛变得越来越低。我觉得这种状态下的媒体融合已经不单是媒体的事了,它已经成为一种社会行为。

其实,我在做影像的数字化研究的课题的时候,我从来都没有把它当成一个单纯的媒体话题来研究,因为我觉得我用的是社会学工具,我觉得这是个社会问题,而且我们讨论的也应该是一个社会化的问题。你从现在的整个社媒体社交化的过程就可以看到,人人都是一个传播媒介。像那些自媒体,流量好的自媒体有的时候比一个机构媒体可能还要厉害,比如那些网络"大V",我们从新华社出去的同事也有千万粉丝,他们说起话来也是具有"地动山摇"的影响力。现在网络上那些通过UGC(用户生产内容)产生的这种内容,经过主流媒体的"美化",同样可以有很强的影响力。我现在做的一个工作就是这种"点睛"和"美化",也就是通过我们的专业处理,它可能会变成像PGC(专业生产内容)那样的内容,这些内容在一个一个优质的媒体平台上传播的时候,同样有很强的爆发力。所以我觉得我们在思考媒体融合的时候,已经不能只讨论形式上的融合了,而是要再往前看,至少往前再看两三步。

媒体融合语境下媒体从业人员的技能新要求

在这种新的媒体融合环境下,我觉得媒体从业人员除了在业务技能上需要在学校习得全媒体内容生产的技能,包括文字、图片、音频、视频等的采编制作技能等,也要具备交流素质,就是通过线下,特别是线上的一种交流互动能力。因为现在不是过去那种单向的传播模式,过去那种模式根本不是实时互动的,现在你如果没有交流能力,或者没有交流的意愿的话,是做不好媒体的。想做好媒体,就要把媒体社交化的特征表现得极其突出,想把媒体变得有社交能力的话,第一,媒体要有与用户平等交流的态度;第二,媒体要掌握与用户的交流互动技巧;第三,媒体应具备需求意识。得知道用户想看什么内容,然后用用户能接受的方式把内容传递给用户,其实这个是有很深的学问的,即"话术"是非常重要的,有了这些基础以后,媒体才能开始和用户做交流,然后用全媒体的技能,包括文字、图片、视频、声音等,用户要什么形式的内容我这都有,喂到用户"嘴里"让用户"吃"得舒舒服服的,牵着用户的鼻子跟着我走,用户还不会察觉,让用户觉得媒体是在跟着他一起玩儿。其实这我觉得是媒体人的一种重要的能力。

三、案例分析

目前,黄文对自身的身份定位是一位女企业家,一位女性领导者。她从专业的做内容的新闻摄影记者,到做影像产品的市场营销工作,再到作为女性领导的企业管理工作,完整经历了传媒影像领域的产业闭环。她还具有海外的留学与工作经历,担任过国内外各类新闻摄影大赛评委。她也是国内较早研究媒体融合相关话题的研究者,并对媒体融合工作有着自己独特的看法。这些经历以及取得的成就背后有着她自身特有的内在因素。

一是具有坚持的精神。从实践的历史角度来看,要成功做成某事,坚持是不可或缺的主要因素之一。法国著名哲学家伏尔泰曾说:要在这个世界上获得成功,就必须坚持到底,至死都不能放手。我国明代理学家朱熹曾说:立志不坚,终不济事。进化论奠基人达尔文在总结其成功时这样说:我之所以能在科学上成功,最重要的一点就是对科学的热爱,坚持长期探索。我国著名科学家钱学森也曾说:不要失去信心,只要坚持不懈,就终会有成果的。绳锯木断、水滴石穿、百炼成钢、铁杵成针、愚公移山、精卫填海、锲而不舍;精诚所至,金石为开;行百里者半九十;骐骥一跃,不能十步,驽马十驾,功在不舍。这些中国历史上留下来的成语或谚语,都在说明坚持的精神与力量,以及对做成一件事情的重要性。黄文在采访时这样评述"坚持":坚持就是毅力,而毅力和意志力其实都属于坚持的范畴。碰到困难的事就咬紧牙关,再努力一下,再坚持一下,有些时候其实人不遇到事儿,不知道自己能量多大,不知道自己能撑下来。当你咬紧牙关撑下来了,你会觉得,其实自己是可以挺过来的。因此,黄文认为坚持是传媒业女性领导力很重要的一个方面。

二是保持终身学习的能力。"终身教育"这一术语 1965 年在联合国教科文组织主持召开的成人教育促进国际会议期间由联合国教科文组织成人教育局局长保罗·朗格朗(Parl Lengrand)正式提出。所谓终身学习,主要是指个体为适应社会发展和实现个体发展而持续一生的学习过程。也就是我们常说的"学到老活到老""学无止境"。在发展迅速的传媒业中,黄文认为,身为领导,在传媒业管理全媒体人才,自身一定要有较强的学习力,要有终身学习的能力。在飞速发展的互联网新媒体环境中,如果自己不懂传媒业的新技术应用、新业态和新现象,年轻网民的新玩法、新思想等,做这行会遇到很多困扰,也会很痛苦。因此,传媒业女性领导要始终保持学习,要具备开放思维,打开心灵,让自己始终处在一种跟社会交流的状态当中。此外,黄文身上体现其学习力的另一个方面,是其将"挑战当成一种营养"。她说:"我把挑战当成营养来对待,就因为你碰到一个困难,基于困难的学习,实际上是最好的学习。这是儿童教育心理学当中的一个特别重要的定论,就是给你困难,然后让你来解决问题,这种学习效果是最好的。我就觉得这种基于问题的学习实际上特别有意义,我这人就是生性比较喜欢冒险,喜欢挑战。"

三是对女性性别的客观态度。从黄文作为中国第一位战地摄影女记者的经历,就能看出其身上那种独有的个性和对事物的态度。作为一名女性,她对社会性别有自己深刻的认识。比如她认为很多节日实际上是对弱者的一种奖赏,她认为过护士节、妇女节、儿童节之类的节日,"就是因为这类群体没有得到公正的待遇,没有得到平等的关怀,所以给你过个节,奖励你一下。过这种节日,一方面是对这类群体的关怀,另外一方面也提醒这类人群,你还没有获得平等的权利"。黄文认为,对女性的定义来自以男权为中心的社会,这本身就带有某种歧视性,比较典型的现象是别人总是说作为一个女人多么不容易。她对女性性别的态度客观公正,她试图跳出性别范畴来看待社会实践。正如她在评述女性的社会实践时所说:"我们女性其实不是不愿意被呵护,因为被呵护是很舒服的一件事情,那是一种很愉快的状态,因为你不用使劲,然后很多东西就都来了。但是这并不代表这个社会的公平,我是觉得其实很多东西还是要看努力。而且随着现代科学技术的发展,当重体力劳动在逐渐的被智力工作替代的时候,女性的优势慢慢在上升,或者说女性的能力是慢慢显现出来的。其实当然这也是社会技术进步给我们带来的一个恩惠,只是我不喜欢的是,一个女性工作者,以自己是女人为资本来换取一些优越条件或者额外的待遇,这是我不喜欢的。我觉得没必要,或者说那样换来的东西也没有说服力。"

四是善于思考和总结。在传媒职场,黄文的职业角色从内容工作者到市场营销者,再到企业管理者,她十分重视对工作经验的总结,并善于思考当下和未来的问题,这让她在经历各种挫折和失败后,能够获得足够的成长养分,使她不断成长向前,保持领导力。她在总结其工作成长经历时说:"时间是一个很好的校正器,岁月的磨练会让我们有一些改变。一方面,初心不忘,本真的东西还在心里,自己清楚想做的事。另一方面,岁月和挫折都会改变一些东西,让我能学会什么叫作合作,什么叫作建设性。"对于女性管理者,她也有自己的经验总结。她觉得女性管理者一定要有一种在各种关系之间达成平衡的能力,包括在家庭角色、社会角色等多种角色之间去找到一个最佳平衡点、一个最大公约数。另外,她对工作内容也能时刻保持一种思考的状态。比如,她对女性摄影师和男性摄影师的不同的观察和思考。她认为"一些优秀的男性同行的作品体现出他们对细节同样非常关注,人道主义同样也是贯穿优秀摄影师的作品的重要主题,所以在这个问题上其实是不分性别的。女性摄影师和男性摄影师的真正不同点在于他们对女性的态度在摄影当中表现出来的很不一样。"

第三节 当代传媒业女性领导力提升的实践路径

新时代发展,呼唤新时代人才。至20世纪90年代互联网信息技术传入中国以来,网络空间与现实空间加速深度融合,对政治、经济、社会和文化等领域的影响前所未有。有关数据显示,中国女性劳动率达70%,世界排名第一。全社会就业人员女性占比超过四成,互联网领域创业者中女性更是超过一半。① 近年来,伴随着互联网媒介技术的发展,我国传媒业发展迅猛,新技术新业态不断涌现,传统媒体与新媒体加速融合。2020年6月30日,中央全面深化改革委员会第十四次会议审议通过了《关于加快推进媒体深度融合发展的指导意见》,会议强调,"推动媒体融合向纵深发展,要深化体制机制改革,加大全媒体人才培养力度,打造一批具有强大影响力和竞争力的新型主流媒体,加快构建网上网下一体、内宣外宣联动的主流舆论格局,建立以内容建设为根本、先进技术为支撑、创新管理为保障的全媒体传播体系,牢牢占据舆论引导、思想引领、文化传承、服务人民的传播制高点。"② 阐明了新时代传媒业的发展方向与目标。2020年10月20日,中宣部副部长、中央广播电视总台台长慎海雄在全国重点院校新闻传播人才供需座谈会上作总结时强调,"在建设国际一流新型主流媒体的过程中,要加快实现从传统广播电视媒体向国际一流原创视音频制作发布的全媒体机构转变,从传统节目制播模式向深化内容生产供给侧结构性改革转变,从传统技术布局向'5G+4K/8K+AI'战略格局转变。

---

① 新华社.习近平在联合国大会纪念北京世界妇女大会25周年高级别会议上发表重要讲话.http://www.gov.cn/xinwen/2020-10/01/content_5548947.htm?gov(2020年10月31日)
② 胡正荣.媒体融合向纵深发展的抓手[J].广播电视信息,2020,27(10):11-12.

总台需要培养造就一批名记者、名编辑、名主持人、名制片人,一批懂语言知文化、会讲中国故事的国际传播人才,一批精通互联网制作、传播、运营、技术的全媒体人才,一批有责任有担当、懂经营善管理的复合型人才,做到精心育才、广泛聚才、人尽其才,不断夯实人才储备基础,打造一支既能'守正'又善'创新'的人才队伍。"明确了新时代新闻传播人才的具体要求。

可以看到,随着国家媒体融合战略的深入推进,媒体机构的体制机制面临改革升级,传媒人才的能力素质面临向具备全媒体生产、传播、运营、管理等相关能力的全媒型人才转变。在这样新时代的人才需要背景下,传媒业女性领导力的提升,不但需要政府、媒体、学校和企业等外部主体对提升传媒业女性领导力的各种环境的进一步改善,而且更需要传媒业女性自身的努力。

一、女性自身:扬长避短

在通往权力的道路上,无论女性还是男性都会遭遇各种困难和挑战。但是,在现有的社会文化和权力结构中,而女性面临的问题远多于男性。[①] 通过上述第二章的研究,抽取出媒体融合环境下传媒业女性领导力的男性化、学习、感知和想象四个主要特征概念。从各自特征的内在涵义来看,男性化和学习可以归结为媒体融合环境下传媒业女性领导力的"守正",感知和想象则是媒体融合环境下传媒业女性领导力的"创新"。未来,在媒体融合深入发展的实践进程中,传媒业女性领导力需要在"守正"与"创新"之中扬长避短,动态平衡。结合新时代我国媒体深度融合环境下的全媒体人才需求,传媒业女性应重点在学习、感知、想象、创新管理和领导方式五个方面提升自身的领导力。

一是提升学习能力。"业务强"是媒体机构职业晋升的首要条件,在实践理性的现实关照下,务必将业务能力摆在提升传媒业女性领导力的首位。学

---

① 李英桃,王海娟."玻璃天花板"还是"迷宫"?——美国妇女晋升的障碍与路径[J].国际观察,2016(2):14-29.

会按照媒体融合业务流程,生产创新型全媒体产品,发布在全媒体平台上,融通线上线下业务,积极打通相关业态。此外,随着5G、人工智能、区块链等新兴信息技术的应用,未来将出现超高清视频、机器人新闻等新业务新业态。因此,需要不断提升自身学习能力,加深对5G、人工智能、区块链等新兴信息技术的应用场景原理学习,加强对优秀新媒体产品案例的跟踪学习,重视对前沿数字技术的媒体应用了解,以提升新时期媒体融合环境下的业务能力。

二是优化感知能力。新媒体传播时代,仍然需要坚持内容为王[①]。在内容生产方面,传媒业女性在选题、感性符号应用和用户"内心世界"分析等方面具有相对的性别优势,但新媒体内容与社会变迁密切相关,需要传媒业女性不断优化自身在内容生产方面的感知能力,以发挥和保持自身的新媒体产品制作能力。此外,随着融媒体中心的建设深入推进,团队协作式的新媒体内容生产方式将成为常态,传媒业女性"细腻"的感知能力将成为提升团队协作能力的润滑剂。

三是开拓想象能力。如上所述,人工智能、大数据、5G等新兴互联网信息技术能给新媒体产品或报道的创新带来诸多想象空间,甚至包括新媒体产品与市场合作方式的创新点。如作为传统媒体人的央视主持人朱广权和新媒体电商直播的"带货一哥"李佳琦,在2020年4月6日做了一场名为"谢谢你,为湖北拼单"的跨界网络直播。这场直播触达的受众数量达到惊人的上亿元,是一次成功的跨界媒体直播活动。因此,开拓传媒业女性的想象能力,要发挥传媒业女性对互联网传播环境感性符号的想象和分析能力,善于运用各类移动互联网新媒介,整合传统媒体与新媒体优质资源,创新市场合作方式,提升打造"爆款"新媒体产品的业务能力。

四是创新管理能力。全媒体管理人才需要统筹管辖范围内资源,协调相

---

① 初小燕.新媒体时代"内容为王"的传承与发展[J].中国报业,2016(19):60-61.

关资源,落实安排人、财、物和数据等生产力要素,用于全媒体产服务的创意研发、生产流通、传播运营;参与上层咨询与决策,直接管理基层日常业务,并为业务进一步拓展与运行进行协同、配合与整合等。需要具有高维的互联网思维,能够统筹全局、纵观大局、把握大势;调度协同各种内部外部、网上网下资源,敏锐捕捉机遇;优化制度与流程,打通资源与平台,敢于创新,善于决策,因时而动,顺势而为,引领引导媒体融合发展与全媒体建设。媒体融合中"顶层设计"非常重要,需要顶层管理人员设置好组织机构、业务流程、决策体系和资源配置方式。① 此外,变革型领导理论所主张的理想化影响力、鼓舞性激励、智力激发、个性化关怀,与女性领导者特质更匹配,因此传媒业的者在组织变革方面具有更为明显的作用。

五是转变领导方式。在媒体融合转型的时代背景下,信息传播公开透明,组织管理"扁平化",这就要求传媒业女性领导者应积极转变领导方式,由传统的单向目标输出,转为双向愿景输出。互联网新媒体的信息互动与开放传播,使信息背后的个人逐渐形成共享意识、开放意识和创新意识,领导者在这种环境下应主动与组织员工营造一个共同愿景目标,利用自身的感召力和女性性格优势,营造共同创业做事以实现个人价值和社会价值的开放环境。另外,互联网信息技术使得人们对未来充满了期望,但每个主体所采取的行为、掌握的资源、确定的目标都是存在差异的,在组织内部各元素之间的整合程度也就意味着组织发展的潜力与能力。② 传媒业女性领导者的共享思维可以绕过传统的博弈思维,以协同整合实现资源串联和相互合作,以良性合作机制实现双方红利增值。

---

① 胡正荣.媒体融合向纵深发展的抓手[J].广播电视信息,2020,27(10):11-12.
② 石萍萍."互联网+"背景下女性领导力提升的逻辑策略[J].领导科学,2017(30):52-54.

二、家庭:优化角色定位

家庭构成社会的基本单元,个人的工作生活离不开家庭。如上所述,女性所承担的家庭角色仍然是影响女性职业晋升的主要因素。对此,传媒业女性应根据自身的具体情况,优化自身角色定位,在工作—家庭角色中尽量达成平衡,才能有效提升自身领导力。

一方面,努力打破家庭角色束缚,促进家务劳动社会化。由于家务劳动的重任,传媒业女性往往需要花费更多时间在家庭角色中,这与男性刚好相反。这也是职场中男性领导者仍占主流的原因之一。因此,有必要促进家务劳动的社会化,将广大女性领导者从繁琐的家务中解脱出来,给与其更多的学习和工作的时间和空间。为了促进女性领导力的提升,将女性不再被家庭琐事所束缚,不同国家纷纷出台了相关的措施。比如,法国把"家务劳动有偿化"指定为该国的基本国策,让女性在家务劳动的同时能够体现自己的价值;奥地利在该国的法律中明确规定男人和女人要共同负责家务,违反该项规定会受到法律的严惩;德国则规定家务劳动应当予以报酬,并专门设立了汉堡经济法庭,用于处理此类家务事件纠纷。[①] 而我国目前还没有此类法律法规。目前,传媒业女性可以积极主动与家庭成员商议,与配偶、父母或子女共同承担家务劳动,打破以往女性被家庭角色的束缚。

另一方面,把握工作—家庭角色的平衡点。当事业发展与家庭责任发生冲突时,女性领导者往往更需要家人多给予关注、理解和支持,如帮助其料理家务、照顾老人孩子等。此外,还应给予她们心理上的帮助与宽容,使她们可以化解工作带来的负面情绪,找到家庭和事业的平衡点。同时,女性领导者也应注意自身的情绪控制,不能把工作的烦恼带回家,尽量孝敬父母、善待孩子、

---

① 温佳甲. 女性领导力发展困境及提升对策研究[D]. 石河子:石河子大学,2017.

体贴丈夫,既要做好工作,也要过好家庭生活。① 原海尔集团总裁杨绵绵成功经营着企业和家庭,并在职业女性和家庭主妇的不同角色中实现了完美的平衡。杨绵绵的成功秘诀就是:把自己的事业变成全家人的事业,得到家人最大的支持和谅解。她成功地将老公、家人变成了分享事业成败得失的同盟军,把自己的事业变成全家人的事业。通过这种方法杨绵绵得到家人最大的支持和谅解,从而取得了事业家庭的平衡。②

三、企业组织:优化体制机制

如上所述,组织因素是影响传媒业女性领导力提升的关键因素。特别是,随着国家媒体融合战略的"纵深发展",传媒业将进一步深化体制机制改革,从企业的内部组织结构,到业务流程、平台再造、营运管理、绩效考核等,都要进行改革升级。在这个过程中,企业组织应该摒弃性别思维,以适应网络时代的全媒体传播为需求导向,以营造全媒体人才全面发展体制机制为目标,深化体制机制改革。综上,要提升传媒业女性领导力,企业组织应从职业晋升机制、人才培养机制和工作策略等方面入手。

一是优化职业晋升机制。一方面,要通过完善女性领导者的选拔和晋升机制来保障传媒业女性领导者的实际领导权力,选拔和提升那些真正有领导能力和决策水平的女性走到领导岗位上来,而不是机械地为了保持所谓的女性领导干部的数量比重。在传媒工作过程中,还要完善女性领导者在工作中的绩效考核指标体系,通过合理的指标体系来科学、准确、真实地考核女性领导者的实际工作情况,通过明确的绩效考核指标引导女性领导者自觉自愿地改善领导方法和提升领导能力。③ 另一方面,应提高组织高层女性领导者的

---

① 高静娟.女性干部领导力提升途径分析[J].广州社会主义学院学报,2015,13(3):73-78.
② 田秋芬.我国企业女性领导力提升研究[D].大连:大连海事大学,2013.
③ 李静.女性领导力提升的非制度性障碍及对策分析[J].妇女研究论丛,2012(4):102-105.

比重。有关数据显示,传媒业的高层女性领导者仍是少数,这与企业组织的晋升机制不无关系。从企业战略角度来看,企业高层领导的多样性能够优化提升企业高层的战略决策科学性和准确性,因此,可通过优化企业各类规章制度、提升传媒业女性工作表现机会等方式提升传媒企业高层领导中女性的比重,以优化企业高层的(性别)多样性。

二是完善和优化新时代传媒人才培养机制。2020年9月26日,中共中央办公厅、国务院办公厅印发了《关于加快推进媒体深度融合发展的意见》,文件强调,要大力培养全媒体人才,实行更加积极、开放、有效的人才引进政策,提高主流媒体人才吸引力和竞争力。要优化人才队伍结构,把更多熟悉新媒体的中青年优秀人才充实到关键岗位,充分释放人才活力。[1] 这为完善和优化新时代传媒人才培养机制指明了方向。一方面,企业组织自身要建立全媒体人才的系统性培训机制,使传统媒体采编人员特别是青年女性媒体员工,快速掌握互联网新技术、新设备(包括移动应用、社交媒体、网络直播、聚合类平台、自媒体公众号等新型传输硬件和软件)的操作技能,熟悉各种媒体形式的采访报道、新型媒介传播流程与规范等。[2] 使青年员工成为有责任有担当、懂经营善管理的复合型人才,以实现自身"造血"。另一方面,要有国际传媒视野和人才竞争意识,积极引进国际传媒人才和互联网平台高端管理人才,特别是在人工智能、区块链、大数据等领域的互联网技术人才,通过人才引进,实现"输血",并采用灵活的人才任用机制,以充分发挥人才活力。

三是优化传媒业女性工作策略以提升其工作效率。客观来讲,传媒业女性难免会因家庭责任而影响其工作效率,企业组织应考虑适当的工作策略(工作方式或工作时间的安排等),以改善传媒业女性的工作效率。蒋莱从工作-

---

[1] 新华社.中共中央办公厅、国务院办公厅印发了《关于加快推进媒体深度融合发展的意见》.http://www.xinhuanet.com/2020-09/26/c_1126542716.htm(2020年10月31日)

[2] 李军.全媒体时代呼唤复合型人才[J].新闻知识,2020(9):84-86.

生活平衡的角度,总结了企业组织支持女性工作的六大策略:其一,是适当灵活的工作时间制,包括弹性工时和压缩工作周;其二,在家办公或远程办公,通过通信技术和互联网完成并递交任务成果;其三,工作分摊,两名兼职员工共同分摊一份全职工作的工作量;其四,家事请假项目,包括养育假、生育假和照顾性准假(passionate leave);其五,补贴或提供服务,对照顾小孩或老人的服务费给予补贴,组织内部建立儿童托管中心,或提供有帮助的信息等;其六,EAP计划,由专业人员对员工及直属亲人提供专业指导和咨询,以帮助解决各种心理和行为问题。[①]

四、学校教育:提升女性领导力教育

传媒业女性领导力包含专业能力(传媒业务能力、新闻采编能力、产品设计能力等)、通用能力(团队协作能力、沟通表达能力、人际交往能力等)、管理能力和领导能力等综合能力,其中大部分能力的培养,有赖于学校(高校)教育,特别是高校的女性领导力教育。我国高校在女性领导力教育方面基本上处于缺失状态,要提升传媒业女性领导力,需要高校从女性领导力课程和实践活动两方面入手。

一方面,在高校设置传媒业女性领导力课程。领导力的形成需要建立在人文性的教学内容之上。因为在这样的教学基础上,学生可以获得众多学科知识,拥有开阔的视野,从基础性的学科中丰富知识体系,提升智慧,从而更好地在知识中汲取能力,不断地提升女性解决问题、思考问题的能力,发挥创造性思维,而这些恰恰是一个领导者必须要具备的才能。[②] 美国部分高校在女性领导力教育方面有较为成熟的实践经验。以美国马萨诸塞州威尔斯利学院

[①] 蒋莱.领导力发展视角下的职业女性工作-生活平衡策略研究[J].妇女研究论丛,2012(2):96-102.

[②] 牟冰颖.美国威尔斯利女子学院女性领导力教育研究[J].吉林省教育学院学报(下旬),2014,30(10):46-47.

(Wellesley College)的奥尔布赖特国际事务研究所为例,该事务所是威尔斯利学院第 59 界校友美国前国务卿马德琳·奥尔布赖特于 2010 年在威尔斯利女子学院创建的,其教育目标是通过培养女性以创新方法来解决问题,推行全球化女性领导力教育,教育年青女性走上领导职位。奥尔布赖特国际事务研究所女性领导力教育内容和项目类型如下,研究所创新一种新的教学形式,运用理论联系实际的方法,定期邀请来自美国政府、医疗界、商界、军事以及非盈利组织的专家、学者来分享他们在事业上面临的机遇与挑战。同学们会以讲座,座谈会等形式集中上课。主要就教育、公共政策、领导力、健康、环境、文化、人权、性别、自然科技、商业、贫穷等主题来探讨研究未来要形成或出现的问题。[1] 通过这种通识教育和前沿课程的学习,提升其女性领导力。我国高校可以考虑适当参考美国威尔斯利学院奥尔布赖特国际事务研究所的课程设置和教学模式,加入媒介与性别文化、女权主义、互联网与女性等前沿研究课程,形成初步的传媒业女性领导力课程体系。

另一方面,加强传媒业女性领导力教育的实践活动。课程教学以外的实践活动,是对教学内容的一种补充和完善。领导力是一种实践性的综合能力,需要通过不断实践才能真正具备领导力。我国高校可以在规划设计校内外的专业实习活动、课外活动、学院管理等实践活动时,有意融入传媒业女性领导力的相关教育理念,让同学们在实践过程中提升自身的领导力。特别是,通过对实践活动的规划设计,增加同学们在科学实验、社区公益服务、公共管理、跨文化交流和绿色发展等方面的实践,提升他们在团队协作、组织管理、综合领导和开拓创新等方面的能力素质。就传媒学子而言,还应加强在互联网新媒体平台的专业实习,加强与国外新闻传媒学子的交流合作与学习,强化对互联网新媒体前沿问题的关注与研究实践。

---

[1] 牟冰颖. 美国女性领导力教育研究[D].沈阳:辽宁师范大学,2015.

五、媒体舆论:消除性别歧视观念

新闻媒体所形成的"拟态环境"往往会影响人们对事物的观念意识和看法。传统中国文化中的"三从四德""男尊女卑"思想一直影响着中国的社会性别文化,使我国女性领导者在社会实践中遭受了不同程度的性别歧视。进入新时代,随着思想的解放和社会文明的发展,女性领导者的地位和作用已今非昔比,当下我们应当着力在社会中消除对女性的歧视。2020 年 10 月,习近平总书记在联合国大会纪念北京世界妇女大会 25 周年高级别会议上强调,要让性别平等落到实处。保障妇女权益必须上升为国家意志。要以疫后恢复为契机,为妇女参政提供新机遇,提高妇女参与国家和经济文化社会事务管理水平。要消除针对妇女的偏见、歧视、暴力,让性别平等真正成为全社会共同遵循的行为规范和价值标准。在互联网新媒体传播环境下,应当从以下三方面着力在社会舆论中消除(女性)性别歧视。

一是提升媒体工作者的性别平等意识。在媒体传递信息的内容、角度和方法等方面,媒体工作者都起到了非常重要的作用,所以媒体工作者社会性别意识的强弱会直接影响媒体信息的性别公正程度,如果媒体工作者的社会性别意识普遍较弱,媒体将有可能陷入社会传统文化性别不平等的窠臼,因此要为女性领导者创造一个良好的舆论环境,首先必须提高媒体工作者的社会性别意识,通过接受性别意识培训,增强其性别平等的观念,提高其表现性别平等的能力。① 特别是在互联网新媒体信息传播环境下,文字、图片、音频和视频等多媒体形式的内容呈现方式,以及"流量为王"的媒体运营模式下,有些媒体从业者往往喜欢炒作"女性"议题,吸引话题关注,而这些"女性"议题往往会涉及女性性别歧视问题。网络空间中类似这样的"女性"议题比比皆是,如四

---

① 韩翠萍. 我国女性领导干部的领导力提升困境研究[D].武汉:华中科技大学,2012.

川成都"女司机"、校园女大学生"裸贷"等现象。

二是加强社交媒体平台的内容审核与监管。当前,互联网新媒体传播环境下,人人都可以发声,特别是微博、微信、今日头条、抖音、快手等社交媒体平台,其 UGC 用户量巨大,要使社交媒体平台的网络舆情尽量消除性别歧视,必须加大对社交媒体平台的内容审核与监管。一方面是社交媒体平台自身通过"机器+人工"的方式加强对社交媒体平台内容的审核把关,将涉及严重女性歧视的内容删除屏蔽,对涉及一般性的女性歧视内容添加警告标识等。另一方面,社交媒体平台要建立健全平台内容举报与反馈机制,让社会各界参与内容监督管理。

三是加大对女性领导者的正面宣传力度。当前,我国正处于社会经济与文化发展的转型过渡期,城乡二次的文化观念还存在差异,新旧思想处在交织状态,需要大众媒体要加大对女性领导者的正面宣传力度,积极引导社会舆论消除对女性领导者的偏见,营造有利于女性领导者发展的社会环境。尽量开设女性领导干部专栏,多从正面报道一些典型女性领导干部的成功事迹,为更多具有领导才能的女性树立榜样,同时注意宣传自信、自强的女性形象,逐步扭转人们对领导形象和女性形象的刻板印象,增加对女性领导的认同和支持,从而为女性领导力的提升创造良好的舆论环境。[①] 特别是像敬一丹、黄文等传媒业女性领导者,通过媒体的宣传报道,逐步消除社会舆论将女性领导者同等于"女强人"等舆论观点。

六、政府部门:完善相关法律法规保障机制

完备的法律体系营造的公平政策环境和制度支持,将有利于传媒业女性领导力的提升。中国建立了包括 100 多部法律法规在内的全面保障妇女权益

---

① 韩翠萍.我国女性领导干部的领导力提升困境研究[D].武汉:华中科技大学,2012.

法律体系,基本消除义务教育性别差距,全社会就业人员女性占比超过四成。① 但我国在女性性别方面的法律保障体系还有待加强,主要体现在以下三方面。

一是明确女性权益的法律表述,确保女性权利能够保障到位。有关女性平权的法律条文中,相应内容应明确表述,减少女性权益保障法律法规中的模糊性措辞。例如《中华人民共和国妇女权益保障法》第十一条规定:"妇女享有与男子平等的选举权和被选举权。全国人民代表大会和地方各级人民代表大会的代表中,应当有适当数量的妇女代表。国家采取措施,逐步提高全国人民代表大会和地方各级人民代表大会的妇女代表的比例。居民委员会、村民委员会成员中,妇女应当有适当的名额。"在具体的权利落实中,妇女的参政议政权利难以引起足够重视,或者为了填补空缺忽视考核培养随意选拔任用,造成女性领导者自身素质与岗位要求不相匹配。在今后不断的司法实践中,可以针对女性相应权益保障的立法做出改进。② 如马来西亚政府于年设定了政府部门决策层的女性比例必须达到30%的目标。截至2010年,该层级的女性比例已超过30%。2011年,马来西亚政府又宣布将于2016年将该目标延伸至民间私人机构的计划。③ 我国《中华人民共和国妇女权益保障法》第十一条是否也可以考虑将"应当"改为"必须",将"适当数量"改为女性领导者具体所占比重。

二是加大行政执法监督力度,确保政策落实到位。虽然我国已经制订了100多部保障妇女权益法律制度体系,但是在具体的法律执行过程中仍然存在执法不力或不严等问题,致使女性在社会实践中遭受不同程度的性别歧视

---

① 新华社.习近平在联合国大会纪念北京世界妇女大会25周年高级别会议上发表重要讲话.http://www.gov.cn/xinwen/2020-10/01/content_5548947.htm? gov(2020年10月31日)
② 董剑楠.新发展理念下女性领导力提升问题研究[D].长春:中共吉林省委党校,2018.
③ 田秋芬.我国企业女性领导力提升研究[D].大连:大连海事大学,2013.

对待。因此,政府部门应当加强对妇女权益保障法律的行政执法监督力度,与全国妇联等社会组织建立健全社会监督机制,有力保障妇女权益。特别是企业组织中涉及的职业招聘、劳动合同和女性社会福利等方面,需要加大执法监督力度。此外,也可以适当借鉴国外有关妇女权益执法监督的成功经验,如美国企业已经强制规定将企业中有关录用和晋升的数据进行公示,以减少企业的社会性别歧视,美国还在联邦政府机构下设"雇佣机会平等委员会",主要通过监督企业组织雇用员工的性别情况,来提升女性晋升高层的机会。

三是完善职业女性社会保障体系,以帮助解决传媒业女性职业发展后顾之忧。如前文所述,生育问题是职业女性职业晋升的主要障碍之一,特别是对处在工作发展期有望晋升为领导者的女性带来困境。在生育保障方面,女性生育政策与权益保障的不协调性。2015年开放"单独二孩"之后,职业女性产假从"独生子女"政策时的4—7个月减少到98天,不利于女性在婴儿刚出生时所尽母亲的责任。因此,一方面,应建立生育社会补助机制,改进产假立法,适当给予男性带薪照顾孩子的假期,使男性同样投入照顾子女的使命中。另一方面,应扩大公共服务,通过财政和税务减免等方式鼓励企业组织增设幼儿园、提供日托服务等,以缓解女性在家庭—工作造成的冲突。此外,在养老问题中,女性的退休年龄较男性早,决定了女性的工作时长比男性少,由于工龄的长短与社保权益有直接关系,结合女性领导者年龄集中与50—55岁的数据来看,建议将男女退休年龄差缩短,保障女性退休后的社保权益,让女性领导者无后顾之忧。①

---

① 董剑楠.新发展理念下女性领导力提升问题研究[D].长春:中共吉林省委党校,2018.

附件一:黄文深度访谈案例

一、半开放式采访提纲

尊敬的黄老师:

您好!非常感谢您在百忙之中接受我们的深度采访!本次采访资料仅供教育部重大委托课题①研究使用,课题成果将由国家出版基金资助出版,书名暂定为《中国当代传媒杰出女性领导力研究》。本研究旨在国家媒体融合战略和新时代人才发展观的时代背景下,聚焦中国当代传媒业女性领导力②这个核心话题,主要从中国当代传媒史上杰出女性的具体实践经历中挖掘和分析当代中国传媒业女性领导力的特征、影响因素,并试图探索其提升的实践路径。基于此,我们会围绕以下几个核心问题进行本次深访,您也可以根据实际情况拓展交流内容。再次致谢!

---

① 项目名称:高等教育大众化与媒介融合时代菁英女性培养与领导力提升研究,项目批准号为15JZDW002。
② 女性领导力定义:狭义上,可以依据生物学特征和社会性别理论,将由女性实施的领导过程、产生的影响力、效果定义为女性领导力;广义上,可以依据柔性管理等领导特质理论和领导行为理论,将具有女性化特点的领导者所展现的领导力称为女性领导力。

1.请简要介绍一下您的人生历程,包括教育经历和职业经历等。

2.在您的几次职业晋升过程中,都碰到过哪些困难(个人、单位、家庭、社会等层面),您是如何解决的?

3.结合既往的工作经验,您认为传媒业女性领导力应该具备哪些特质?

4.媒体融合进程对您的媒体业务工作和领导管理工作分别有哪些影响?您是如何应对的?

5.面对未来的融合媒体及智能媒体,您认为我们女性从业者应从哪些方面去提升自己的领导力?

二、黄文深度访谈录音(有整理改动)

【采访者】我们就先开始我们的对话。其实关于您的自我介绍,确实像您刚才说的,您是一个蛮低调蛮弱化自己在大众媒体传播的人,我们自己搜您的网络上的资料也很难搜集得到,得到的信息非常少,能不能请您大概给我们介绍一下您主要的教育背景,还有工作经历,还有人生不同阶段的情况,大致给我们介绍一下就可以了。

【黄文】我1985年就进入人大新闻系读书了,35年前(本录音提及的时间均截至采访时间),我是1989年本科毕业的。毕业以后去了新华社摄影部。我们那个班其实说起来挺有意思的,我上高三的时候,北京大学新闻系就告诉我们这些学生,他这个班只招北京的学生,这些学生会学摄影,然后毕业以后全部都进新华社摄影部,相当于是新华社委托培养的一个班,委培的。和我们同时委培的还有一个中央电视台的班。我们是当时的三班,摄影班,这个班是给新华社摄影部委培的。还有一个4班,是电视班(广电班),是给中央电视台委培的。我们都是1989年7月份毕业的,毕业到现在31年了。但是在这个过程当中,2001年到2007年我花了6年多的时间在人民大学新闻系学习,之后我又回去读了一个传播学的博士,2007年的时候我拿到了传播学博士学位,这就是我的教育经历。但是在拿到博士学位之前,在博士培养期间,我得到了美国斯坦福大学的奖学金,这是一个叫作职业中期新闻工作者的奖学金,奖学金数额很大。当时美国的东海岸是哈佛大学,西海岸就是斯坦福大学,然后奖学金就专门给了全世界比较优秀的职业中期记者,获奖者可以去美国接受为期一年的访学,在校期间学校你可以学任何东西,在这一年里面实际上是对学生的一种"recharge"(再充电),实际上它相当于是一种继续教育。访问学者的身份一半像学生,一半像老师。在学校里,我参与了斯坦福大学耐特基金会的项目,也就是说我在斯坦福大学又读了大概一年的时间,基本上就是这样,我的教育经历基本上就是这些。

至于职业经历,我 1989 年 8 月进入新华社摄影部,在新华社摄影部工作了 16 年,一直到 1995 年的 11 月。这 16 年里面,大家谈论最多的可能是我做战地记者的那段经历,就是 1999 年 3 月到 5 月,我在科索沃战争当中做新华社的战地摄影记者,因为那次战争中发生了咱们国家的大使馆被炸这件事情,所以变得举世瞩目,本来我们是参加的一个国际战争报道,结果到最后一下子被牵涉进去了,而且还有同事牺牲在那里,新华社牺牲了一个同事,《光明日报》牺牲了两个同事,还有大使馆会长。所以这个事应该是 21 年前了,它就等于是一个创伤记忆,但是因为我几乎经历了战争的全过程,几乎,在战场上待了 78 天。啊,67 天,战争一共持续了 78 天,但是我在战争期间是 50 多天,因为我还有战争爆发前,还有十几天的时间,就一共我在那待了 67 天,两个月吗,两个多月的时间。我在那个地方,反正确实也是出生入死,经历了这样一次战火考验,我觉得这其实也是人生的礼物。可能因为我在那段时间一直到 21 世纪初的那些年里受到了广泛的关注,所以到现在为止我身上战地女记者这个标签都没有被揭掉,人家一说起黄文就是新华社那个战地女记者。但实际上这期间我已经改行好几次了。然后 2005 年我进到新华社另外一个单位——新闻信息中心,等于说我在这个单位转行了,相当于就不再做摄影了,等于在新华社工作的前16年我做过摄影记者、图片编辑、摄影记者,然后开始驻海外工作。我常驻的地点不是科索沃,不是南斯拉夫,而是德国。我在德国长住了两年,中间从德国被派到南斯拉夫去采访这场战争,然后再回德国,然后回国,所以我的海外工作经历就是在德国这两年多这期间我在欧洲各地转了很多国家,包括德国周边国家和南斯拉夫。2005年的时候,从美国留学回来两年后,我就转行到了新闻信息中心。新闻信息中心这个名字,给人的感觉像是一个搞新闻的地方。

【采访者】现在百度百科还是这个头衔。

【黄文】对,我没改。因为我一直没有动,百度百科的信息还是过去的,我没有改,因为改起来特别麻烦。你想自己改内容就是痴心妄想,要做很多的努力,你得按照网站的指示去改,个人是改不了的。新闻信息中心其实是新华社的营销部门,是做marketing的,就做市场工作的,只不过我们的经营工作主要以推广新华社的产品和服务为主。我在那儿工作了13年。对,13年,整整13年,从2005年的11月干到了2018年的11月底,不是整整13年,因为大概比13年多了不到一个星期,我又转行了,又转到这里,现在叫中国图片集团。中国图片集团是新华社下属的一个企业,从某种意义上讲,虽然我还贴了一个女摄影记者的标签,就是专题记者的标签,但其实我已经是个女企业家,我在这儿做副总。当然,让我开心的是,第一它是新华社下属的企业,还在新华社的系统里面。第二它是跟影像相关的一个企业,就是做图片。因为中国图片社是有着非常光荣辉煌的历史,70年,今年70年了已经,这是1950年成立的一个老企业,国企。当然,最早的时候,它其实是新华社摄影部的一个组成部分,现在已经不归摄影部了,很久之前就独立出来了。中国图片社主要负责照片制作,这家企业其实是新中国轻工业发展史当中的一颗明珠,主要做影像制作,放大照片,黑白和彩色胶卷冲扩,然后制作照片,然后销售展览照片等。但是它现在是集团公司,下属有三四个公司,在这儿做这个副总,我开心的事情是，虽然企业是很难做的一件事，但是我转回到社里来了，干回了老本行。当然，有过做记者和编辑等生产内容全流程工种这样的经验，有过海外的留学和工作经验，然后又有过市场经营的13年的经验，现在从事的又是管理工作，其实我觉得在影像这个领域，我走了一个比较完整的闭环，基本上把这一个圈给他画圆了，我一直就在这个行业当中工作，还蛮开心的吧应该是，基本上是这样的一个经历。我的教育程度是博士，传播学的博士，但是我的本科专业是新闻摄影，我读的是新闻系的新闻摄影专业，但我们那时候新闻摄影是走法学，所以我的学历是法学学士。新闻传播是这样，新闻传播一直就不知道怎么给自己定位。早年的时候给自己定到法学这里头，然后后来人越定越觉得不合理，等到我读博士的时候就定到文学这里头来了，所以我是文学博士，但是我的专业是传播学，然后我是法学的学士，我的专业是新闻摄影，这听起来比较有趣，反正我觉得稍微有那么一点点错位，但是我觉得这是中国特色吧。对于我来讲，我觉得我如果给自己下定义的话，或者说进行自我描述的话，我觉得我这人生也挺丰富的。

【采访者】确实很丰富。

【黄文】就是经历各种事，就是这么多极端的事情发生在一个人身上，然后在这样的一个时间段里面，想想其实也蛮跌宕起伏的，是这样的。又当记者，又做编辑，又是出国留学，然后又到战场，然后回来参加，我参加过各种各样的国际上跟影像相关的评选，当过世界上最著名的几个新闻摄影比赛评委，也做过国内的一些重大的国际交流活动，包括影像交流活动的评委、主持人或发起人，等等。我还从事影像教育，因为我在中国人民大学、中国传媒大学都讲课，也做国际交流，做研究，现在做市场，从事管理工作，等于是就画了一个圈，要说经历，我觉得还挺丰富的。

【采访者】确实是，您是有这么多传奇经历的一位女性，人家说经历这么多，脸会沧桑，但是我看您现在的状态，您一点沧桑感都没有，而且您个子小小的,就是真的有一种……

【黄文】错位。

【采访者】对。

【黄文】我觉得可能,如果你架势拉得太足了,可能你就干不成了。

【采访者】这个怎么理解呢?

【黄文】就是有些时候你让所有的人都知道你要干一件什么事,被过度地关注,其实会增加很多的阻碍。比如说我当战地记者,我当时申请上战场,这事是我自己主动申请的,我跟总部打电话,我说我要上战场。当时总部就说你一女孩子你干嘛去啊,30多,30出头对吧?一个女孩在德国待得好好的。

【采访者】那时候您生育了吗?

【黄文】没有,还没有。总部就觉得有德国那么好的国家,那地方新闻环境也相当的宽松,你在德国当记者是很容易的一件事情,不能说很容易,而是很愉快的一件事。因为德国经历过第二次世界大战,经历了戈培尔,经历过纳粹德国时期,所以在战后德国在自己进行社会反思的时候,一个重要的反思点就是要充分配合媒体。所以在德国,你要想当记者的话,你到哪里采访,哪里都会配合你,他有一些,对,他会有一些这样的这种设置,你去采访时甚至会发现,政府的办公大楼都是玻璃房,他们一定要用大面积的玻璃,这其实是一种statement,相当于是一种宣誓:我这是都能看得见的,没有什么东西藏在后面。其实当然是不是真的是这样,我们需要深入地去采访,但至少德国政府做了一个这样的姿态。因为为了做好姿态,他们对媒体工作者会相对来说就比较配合,你想做什么事你给他发一个信,说清楚我要做什么,可能过上一阵就会得到肯定的回应,告诉你我给你安排什么人做这方面采访的配合工作,这就是在德国的工作环境。在别人看起来,我在德国干得舒舒服服的,突然一下子就说要申请去前线,其实当时战争还没有爆发,我去的时候战争还两个星期爆发,我说绝对要打仗的,我要申请去前线。

【采访者】您是有这个嗅觉敏感的。

【黄文】是的,因为有些事情发生在德国,然后跟它有关的,因为巴尔干地区的事很多都在德国,西方国家会在以德国为中心的区域做决定。德国、法国这两个国家是欧洲比较大的国家,很多的重要的这种谈判,或者是一些重要的决定,可能都在这个区域做,所以我们会经历一些这样的政治事件,这种政治事件经历多了之后,我还是会闻到那个气息,我就会觉得,不行,这要出事,或者要出大事儿。我那时候申请,快去之前领导其实还是犹豫,你这个年纪的女孩子去嘛呀,到时候你会不会给人添麻烦,对吧?我挺倔的,我说我愿意去,我说我做了三项准备,我觉得我应该去。我说第一我学两门语言,我英语不错,然后德语呢,粗通,在德国日常生活肯定没问题,而且德语和英语在南斯拉夫地区都能用,都挺好用的应该说。我说我离那儿近,差不多就是北京到上海的距离,就是从德国法兰克福到贝尔格莱德,其实一个多小时不到两小时就飞到了,多近啊,我就觉得很方便,1000多公里吧好像是。然后当时我还说了一个就是我为这个事已经做了一年的准备,因为这件事情其实在此之前一年我曾经经历过一些,就1998年3月25号的时候,我曾经经历了一个跟科索沃危机相关的政治谈判。那一天之所以能够被我记住,是因为那天其实我想去拍一场足球赛,应该是98年法国世界杯。世界杯前的那些预选赛不都在各个国家举行么,当时德国队在世界杯之前还是挺火的,都以为德国队能赢,但那届世界杯德国队其实特惨。那一天是一个里程碑式的日子,是因为那天德国队和巴西队要比赛,巴西队要到德国去踢一场友谊赛,其实相当于世界杯前的热身赛,这种比赛谁不想看啊。我弄了一张票,那个时候我就想看球,我人在波恩,球赛在斯图加特,两地相距380公里,那么远的一个距离,我想去看球,球赛是晚上9点开始,不对,是晚上7:30还是8:00。从中午开始,外交部就给我们发了通知,说今天巴尔干半岛几个国家的外长在这个地方谈判,谈完之后会有一个拍摄机会,我给你方案,你愿意来就来。那也是个大事,因为头几天我刚知道科索沃发生冲突了,都打起来了,是冲突,还不是打仗,离打仗还有一年。然后我就想那就匆匆忙忙赶紧拍,拍完之后赶紧就扛着摄影器材上火车就去斯图加特。德国的轨道交通非常发达,坐火车两三个小时就到斯图加特了,蛮好的了对吧?结果我的如意算盘落空了,12:30 我想去拍没拍成,一直等到下午 4:30,就这些国家的外长就在玻璃房子里走来走去,端着咖啡就不下楼,你知道,这个没谈成肯定就是在打仗对吧?打嘴仗。最后他们出来的时候反正有人高兴,有人不高兴。你像美、英、法、德、俄这些都在,就西方列强,包括俄罗斯都在,俄罗斯在那场谈判当中处于劣势。所以下来,你看拍照片的时候,明显的俄罗斯的外长脸色不好看,脸色非常不好看。但是我拍完照片已经下午 4:30 了,球赛晚上 7:30 还是 8:00 就开始,我不得撒腿就得往火车站跑吗。我真的是跟着德国队的队员冲进场的,因为马上球赛就开始了。当时我又站在足球场里拿我的看台票换了一张场地票,进去了以后在场地里站了三四个小时,在那拍照,都冻死我了,特冷。那场球踢的特精彩,德国队 2:3 输的,所以我对这一天印象深刻。

【采访者】您还有心思关注足球。

【黄文】因为我其实更关注的是那场球赛。白天的采访我只觉得那就是一场政治事件,拍完拉倒,根本没在乎。11 点多球赛结束,我就跑回火车站赶夜班火车,慢车,坐了五六个小时火车,天刚刚亮,我回到了波恩,基本上一晚上我都没睡。然后等到天亮了,我看街上一小时生活店开门了,我就拎着胶卷去冲胶卷。那个时候还没有数码相机,冲完之后,前头这一个政治会谈,一个合影,后边一个足球赛的图片加新闻稿,我想这俩新闻赶紧趁着北京单位还没下班把新闻稿发回来。那个时候因为跟咱们有六七个小时的时差,赶紧发到办公室,让他给我把这两个新闻当天发了,不是挺美的吗?结果新闻稿发完之后我受了一个刺激,编辑部的同事打个电话来说,说我们看地图了,波恩和斯图加特隔了 300 多公里将近 400 公里,你这个日期写的全是 1998 年 3 月 25

号,是不是有一个搞错了?他不知道我 24 小时没睡觉就去做了所有的这些事情,给我郁闷的,我说气死我了,我说你们都不知道我没吃没睡,然后赶得跟狗似的,来来回回跑了将近 1000 公里,你们还各种误解我,冻得我稀里哗啦的,没饭吃,当时特冷,然后在这采访的时候大家互相挤,我特委屈。但是因为这个事我就把这个科索沃事件给记住了,第二年我在申请上前线的时候,我就说我对这个事特了解,这事我从一年前就关注了,事件的来龙去脉我全清楚,所以我去这儿去做采访,各方面条件都具备,而且我人离前线又近,又了解情况,语言又通,对吧?方便,你一派,啪,就跟打弹弓似的,你直接就给我崩过去了,对吧?总部先是犹豫,后来到 3 月决定把我派过去,我就这样经历了这场战争。经历过战争的人其实会发生重大变化,我觉得到现在为止,这段经历对我的人生和我的处事态度都有重大的塑造作用,算是再塑造和改变我的一个事件,我的"战地女记者"的标签现在也是这样一直带着的。所以我得可能是经历的极端事件太多了,人反而慢慢就平静下来了。当然我也有急的时候,因为我的性格决定了我江山易改,本性难移,我天生性格急,这也是我的一个致命弱点。但因为经历了很多大事情,然后再看很多事儿的时候,可能心态和状态都不一样了,就是这样吧。那件事扯得稍微远了一点,因为那个故事比较传奇。

【采访者】我们其实可想听了,但您的时间又很有限,。我觉得像您这样一开始是做新闻业务、摄影,后来又到了一个做市场的企业,之后又从事管理工作,但是都做得很好,时间还不短。在这个过程中您从事的工作都是传媒相关的,您觉得这些工作有没有什么共性?我觉得不是所有人都能够转换身份转换得这么游刃有余的。

【黄文】其实我的身份转换并不容易。说实话,因为做内容的人其实多少是有点自我主导的,就是你知道你接受了这样的一个专业化的训练,然后你带着这样的一个训练的背景和你的工作的基本要求开始从事内容生产工作。像新华社这种国内一流的新闻单位,在相当长的一段时间里面,应该说还是比较自我中心的,在对用户的需求的回应方面也许不需要顾虑太多,因为其实说白了就是一个身份的问题。就是说我今天上班,我是新华社记者、新华社图片编辑,我把稿子编完发出去,用户收到,有的可能他喜欢,他用了,有的他可能不喜欢,他不用,但是影响不到我,对我的身份不会有影响,我回家睡觉去了。然后我的稿子今天用了,我第二天高兴一下,你看报纸上有我的稿子对吧?或者电视台登了我的片子对吧?可能有这样的情况。第二天没有,没有就没有,我明天还是新华社记者,还是新华社的图片编辑。作为新华社的工作人员还是挺骄傲的,应该说因为确实值得自豪,因为它是红色中国的新闻发祥地,而且我们在这么多年的工作历程当中接受的教育,让我们为这种工作单位感到自豪和骄傲。转型到市场部门去,我突然发现我的角色从甲方变成乙方了,对吧?因为我会想,做记者的时候多少人求我,对吧?身为新华社记者,就是会有优越感。但做市场了之后,我突然发现我现在的努力是要把我那些被人崇拜的、被人敬仰的同事的作品要卖出去,卖给我们的那些用户,而这些作品当中有一些特别好,也有一些可能并不是特别好。因为我自己经历过这种内容生产的过程,我知道我的工作状态会经历高峰和低谷,有的时候自己做的东西就是不太像样,或者就是很平庸,这都是有可能的。但是不管是什么样的作品,我现在接到的个任务就是要努力把它卖出去,这种心理上的转换是需要时间的。因为我会有落差,从人家求我变成我求别人,那是多大的一个角色转换?这还只是身份的转换,还有技能方面的转换。我在上一个工作岗位做得可能已经炉火纯青了,工作对于我来说游刃有余,做新闻图片就只涉及新闻摄影相关的事情,我真的我很轻松,也不能说很轻松,而是我对这项工作很熟练,至少是我做什么,你给我安排一个题目,我马上就知道这件事应该怎么做、应该找什么人、拍哪些片子、怎么编,它直接就出来了,对吧?这是一个做图片编辑的基本素质,然后我能把它编得让我的记者放心,让我的读者满意,这是我的本事。刚调到营销部门的时候,我连什么叫环比、什么叫同比、什么叫流转额都不懂,那时候我都快40岁了,40岁从零开始,我必须把自己归零,其实做这个身份转换是很辛苦的,而且有些同事也是不理解的,尤其是当你在那行做得很好了以后,你到这儿来,人家会觉得为什么啊?为什么非得要去做这个事?我觉得当时可能还是希望改变,就觉得好像自己做一件事情重复了十几年了,有一种动力不足的感觉,需要一些新的营养。

我认为,对于一个人来说,转换不同的领域迎接挑战是一种营养,我把挑战当成营养来对待。因为基于困难的学习是最好的学习。这个是儿童教育心理学当中一个特别重要的定论,就是给你制造困难,然后让你在遇到问题的情况之下解决问题,这种学习效果万网很好。我觉得这种基于问题的学习实际上特别有意义,我这人生性就是一比较喜欢冒险,比较喜欢挑战。

【采访者】黄老师,我还有一档节目,就是在北京台做教育类节目,好想请你去做嘉宾,真的说得太好了。

【黄文】这个事儿回头我还得请示领导,因为一旦进入公众视野,就是另外一件事儿了。我觉得可以去挑战一下,再去学一种新的知识,就让自己多一个生活的面向。

【采访者】这种性格是父母那边来的?还是?

【黄文】应该是受我母亲的影响,我觉得我妈妈是一个特能面对挑战的人。

【采访者】您有兄弟姐妹吗?

【黄文老师点头】

【采访者】有,那他们也是这种心理吗?

【黄文】没有,他们跟我完全相反。我弟弟不喜欢这个,我弟弟比较喜欢顺水行舟那样的状态,我则是属于没事找事的性格,也不叫没事找事,就是什么事我最后选来选去,总是选难走的一条路来走,因为我觉得难走的路可能更有意思,因为你会面对更多的不确定性,而这种不确定性让你不断遇到困难,然后逼着你去想办法解决这个困难。这有点像做猜字游戏,给你一个谜面,然后你想办法猜出来了,你就会很开心。什么东西直接喂到嘴里就没味儿了,对吧?所以我从小的性格可能就是这样,因为我从小到大其实活得都不是很顺。

【采访者】您都一下考上人大了还不顺?

【黄文】我上人大不是考的,我是保送上去的。

【采访者】人大是我第一志愿,人大法学,我落榜了,我去的中传。

【黄文】是吧?我上人大我当时我爸我妈还批评我,因为你知道我当时成绩,我不瞒你说哈,我是人大附中的,我是人大附中的学生,那个时候我们小升初是要考试的。

【采访者】小学升初中还要考试?

【黄文】现在是小升初一共九年义务制教育,因为这样你就必须要上对吧?我们那时候不是九年,那时候只有六年义务制教育,我小升初考试全北京第一名,满分,就考语文数学两门,考了200分,当然就学校随便挑。当时我的同学跟我说了一句,说人大附北大附清华附上哪个?当时我们是先报志愿,我同学说人大附的图书馆特好,就是这一句话,我就报了人大附,我可逗了,我跟你说我就做了这样一个选择,其实北大附清华附其实可能也……

【采访者】图书馆也很好。

【黄文】我不知道,就人家说人大附图书馆有多好,其实我上了学也没好好去图书馆。我在人大附一直是学理科的,直到高三。高考前两个月,我的老师跟我说,黄文,我们觉得你适合学文,虽然你的理科学得很好,但是我们还是觉得你适合学文。你知道我当时在人大附的成绩是多少?我一模考试全年级第四,那个成绩在全北京绝对是前50名的成绩,如果我想上大学,我个人觉得如果通过考试,我应该随便想上哪就能上哪,应该是这样的一个潜力。结果老师说你学文吧,说人民大学新闻系我只有俩理科生。当时我那个思想斗争就别提了,你知道吗?因为当时我的梦想就是上北大,我想上北大,我那个时候就是想上北大,而且我爸想让我上清华,然后我妈想让我上协和,想让我当医生。我对这俩学校都不感兴趣,因为上清华学工科,我觉得我动手能力不行;学医我不想解剖,我觉得心里有点过不了这关,但我就想上北大,我想上北大生物系。

【采访者】生物不也得解剖吗?

【黄文】但是好一点吧,也不解剖人啊,解剖的都是动物,还好一点吧。结果突然到高考前两个月,老师说不让我参加高考,让我直接上人大新闻系,我犹豫了,在操场转了100圈,最后妥协了,投降了。不参加高考还是很幸福的,我就是这么上的人大。当时上人大我还觉得委屈呢,你不知道我们人大附中的学生到现在为止还歧视我们人大的学生呢,我们有一句俗话叫做"现在不努力,将来去隔壁",隔壁就是人大,那就相当于说你没考出去才上人民大学,有出息的都不上人大。这是到现在为止小孩们还在说的话,当然我自己觉得,我这一个决定,让中国少了一个生物学家,多了一个媒体人。

【采访者】但您在生物领域肯定也能做得很好。

【黄文】我其实最喜欢的是心理学,上生物系是因为当时要强,因为北大生物系招分高,我就想上一个招分高的学校,至于专业,我就想到了北大生物系。但实际上我自己最喜欢的是心理学。

【采访者】您现在会看一些心理学的书吗?

【黄文】不主动看,如果有机会会偶尔翻翻,因为我觉得那个东西容易走火入魔。

【采访者】对,学不好容易。

【黄文】你只要钻进去,但是我有这方面的能力做这方面的事儿,但是我把这个放在一边了,我只是把它当作业余的消遣。但是怎么说呢,其实我本来是学霸的,但是所有的这些东西经历完了之后,我转回来说我的转型哈,我觉得转型其实是很痛苦的,因为你需要从零开始去学,你在过去那个领域当中已经站在金字塔尖尖上了，换了领域等于被人哐当一下打到地上，从零开始，你啥都不会，就是一个新人。

【采访者】那您会跟谁学呢？看书学？

【黄文】跟同事学。其实是这样，我们现在总结其实是跟同事学、跟对手学、跟用户学、跟市场学，慢慢的就熟悉了。我突然就发现需要以需求端来衡量自己的生产，我们是比较早就懂得什么叫供给侧结构性改革的。因为你如果不改革人家不买你账，你真卖不出去，你不想出来一个好的服务项目和好的服务方式，用户是不会花钱的，人家说世界上最难的两件事，一个把自己的思想装别人脑子里，另外一个就把别人的钱掏到自己兜里，对吧？我觉得做记者是做前一半，做营销其实是做后一半，这两件事我都经历了，蛮好。

【采访者】做管理是哪个？

【黄文】做管理也算前一个，把自己的思想装别人脑子里。我觉得做管理可能是需要你把这些东西都做出来，可能你在一个行业当中浸淫的时间越长，对它就越了解，如果你还有管理的意愿的话，就能做到。因为不是所有的人都有这个意愿，其实我们也看到很多的同事是非常优秀的专家型的人才，他就钻着一门，比如说他就做记者，或者他就做研究者，都做得特别好，但他们对管理工作或那种行政化的、事务性的工作毫无兴趣，我觉得这类人就不适合做管理者。反正我觉得如果要是做管理者的话，你对这行越通，可能你管理起来越知道按钮在哪。但知道按钮在哪也是有利有弊的，一旦懂行，你老忍不住亲手去做，亲手去做可能能把事情做得很漂亮，但这对于被你管理的人来说压力太大了，对方会觉得自己在你之下，能力发挥不出来，就是这种感觉，或者他觉得他可能想得跟你不一样，他就不敢跟你说了，因为你是管理者对吧？你有话语权，这是个问题，我能很清晰地感觉到这一点。至于做管理，我在慢慢学，这个工作我干得时间最短，还不到两年。

【采访者】您跟下属关系好吗？他们会跟您直言相向吗？我感觉您还是比

较直的,他们应该不会不敢跟您说话。

【黄文】有好的,我厉害,你们没看见我厉害的时候。

【采访者】我能感觉到您厉害。

【黄文】对,我挺厉害的,而且我一说话都是一针见血,不给人留面子。这个其实是下属特别怕的,领导又懂行,又不给他面子,你想想看能不害怕吗?对吧?他多少会有些害怕。但是因为我还比较关心下属,在我觉得我能提供帮助的时候,我会尽力去帮助他们。在这一点上他们如果摸透我的脾气之后,他们就发现其实我一点都不可怕,就是说可以交流,其实我只要不说话,别人看我都挺严肃的,不光是下属,包括同事、朋友或者一些不太熟悉的人,乍一接触会觉得这个人其实挺凛然的,但真的接触下来会说这人怎么这么逗,会有这种感觉,可能会有一点点反差。

【采访者】您笑跟不笑差异特别大。对,一笑就真的,我看有一个唯一能查到的网上的报道是您同事说您跟个小孩似的。

【黄文】我有的时候是。

【采访者】是吗?您刚才说到对下属的帮助是说工作上的,还是说也包括家庭生活?

【黄文】都包括。其实做女性就这点容易一点,我觉得说可能你的下属无论男女,多多少少都会跟你说得多一点,因为他毕竟还是觉得一个女领导可以稍微多说一点,尤其是到我这个年龄了,已经过了50岁了,对吧?即使不是长辈,最起码也是老大姐,在很多事情上算是过来人,也许能够给年轻人一些建议,或者能够提一些有建设性的意见。我觉得这可能是做女领导好的一面。

【采访者】刚才您说到事业上的几次转型,其实这几次转型也是您同步晋升的过程,您是不是都没遇到过什么晋升的困难?

【黄文】没有,我的晋升可困难了。

【采访者】您刚才说到有时候可能这种拧巴变成了一种偏执,您现在有找到什么纠偏的力量也好,或者比如说家人或者是看书或者有什么渠道吗?您能意识到这种偏执了?

【黄文】我觉得是这样,因为其实人,我就说人在挫折当中成长,你经历的挫折让你必须成长,人你不能一次又一次老掉在同一个坑里,人不成长其实也蛮失败的对吧?你经历了这些东西,你觉得这样做不好,给别人给自己都带来伤害,你会改的,至少你会注意的,虽然可能没法彻底改掉,因为有些本性的东西可能在你幼年被形塑了以后,有的时候不自觉地就能表现出来。但后天的社会化不管怎样都会影响你的行为,这会让我自己对这个事有一些警觉,就有的事我是不是不克制了,或者我不是应该克制一下,别着急。而且从另外一个角度来讲,时间还是很好的一个校正器。再怎么说,岁月的增长,岁月的这种磨炼还是会让你有一些改变的,至少是有些许改变吧。就是说你没把初心忘了,你还有你自己特别至情、特别纯真的东西在里面,我觉得可能不叫纯真,是本真的东西在里面,想做什么你自己清楚。但是从另外一个角度讲,岁月、社会化、时间、挫折都会让你有所改变,让你学会什么叫合作,什么叫建设性。我觉得这两点是特别重要的。

【采访者】那这两点是不是也是咱们传媒业女性领导力比较重要的特质?

【黄文】我觉得至少是成功的特质,有了这些特质,你能不能做好领导不好说,但是要想获得成功,你必须得具备这两个特点,对,要学会合作,因为特立独行的人特别容易出名。出名人不一定是成功,从很多意义上说的,当然如果你以出名为成功的标准,你可能已经成功了。但我觉得成功要从好多个维度去评价,对吧?出名是一个,有钱是一个,做官是一个,快乐和幸福是一个,对吧?你有一个温暖的生存环境,你对未来充满希望,这些都是成功,对吧?包括你有一个你自己爱的孩子,然后他健康地成长也是成功,评价维度不一样。因为作为一名女性管理者,她可能需要在多种角色之间找到一个最佳的平衡点,这其实还是蛮有挑战性的,有的时候是顾此失彼,对吧?你看一个人成功了,你光看见他成功了,你不知道他为这个事付出了多少心酸,对吗?同样,你觉得一个人平庸,你不知道他对幸福的定义是怎样的,对不对?每个人都拿自己没有的去跟别人有的东西去比,怎么比怎么委屈,对吧?反过来,怎么觉得自己快乐,或者自己觉得自己好,就会很幸福,衡量幸福的维度不一样,得到的答案也不一样。但是我是觉得一个心智心性成熟的人,不管是男的还是女的,可能他最后活一辈子,努力的方向都是在各种关系之间达成一种平衡。

【采访者】黄老师三观太正了,太励志了。

【黄文】没有没有,我的经历其实也是跌跌撞撞的。

【采访者】那其实您经历了这么多岗位,像您说的,画了一个完整的圈,如果让您总结归纳一下传媒业女性领导力,您觉得干咱们传媒这行的女性领导具备哪些特质比较重要?

【黄文】我觉得首先得有毅力,毅力很重要。因为其实我经常拿一句话,也是别人跟我讲的一句话来鼓励我自己,或者不是鼓励,就是提醒我自己,就是在这世界上没有什么东西是昂贵的,但是确实有些东西不值得。你说贵和不贵这个东西它是相对的对吧?你说昂贵,人家说我花100万买一个包,"包治百病",对吧?你说他花100万买包的时候,在咱们看不就一包吗,15块钱我买一个布口袋比他那装东西还多呢,对吗?我会觉得贵,但其实不是贵,是不值。但花100万买包的人会觉全世界有几个人能花100万买一个包,他觉得这100万花得值,我花钱了听了个响,这个包是世界上没有几个人有的,他要的是那种满足感。所以我就说有些事你之所以会坚持,是因为你觉得值对吧?这个代价有的时候是很大的,就看你愿意为之付出多大的代价,你可能付出各种东西,你的健康,你的时间,时间算最轻的了,还有你的努力,你的健康,有的时候可能是你的家庭,甚至可能是你的尊严,关键看你是不是觉得你愿意为这个事坚持,你要想做成一件事情确实是需要坚持的。

我们这个班有32个同学,毕业后28个人进了新华社,进了新华社之后,现在大家都各自在不同的岗位,其中有一半多可能都离开了新华社,一半留在新华社,有的人做这个工作,有的人做那个工作。你再看,大家虽然都是女同学,你不好评价谁的生活方式不好,那只是她的选择,她告诉你说你的坚持我觉得不值得,但我觉得我选择的这个更值、更好。

【采访者】那个班有几个女生?

【黄文】我们那个班有 16 个女生。

【采访者】那真不少。

【黄文】16 个女生,一半一半么,本来是 16+14,后来来了俩运动员,变成 16 对 16 了,其实我们这个班女同学是非常多的,因为这个班要培养图片编辑,女人是比较适合做编辑的,男同学适合做摄影记者,很多男同学也很优秀。其实困难和问题真的是营养,能教会你很多东西,但是前提是你确实得有强大的意志力。一个人如果没强大的意志力的话,碰到困难确实是很难受的,所以不顺利有不顺利的好,但是这种好是以强大的意志力为前提的,你没有这个前提的话,吃苦就真的没必要。我们很多人做父母了以后,会巴不得我们的孩子一帆风顺,因为我们经历了困难之后,我们知道困难太不好了,就太苦了。可是其实你仔细想想,这样一来,孩子自己克服困难,战胜困难,取得成功的快乐也就没有了,因为他是一帆风顺的。

【采访者】媒体融合给您带来困难了吗?

【黄文】说起这个事来我还蛮骄傲的,为什么这么说呢? 2002 年到 2003 年我到美国去读书,当时我已经在人大在读博士了。读博士的时候,我的第一个博士选题实际上是研究世界不同国家的新闻摄影比赛,因为我自己了解很多的比赛,后来我是很多比赛的评委,我就深度地了解它,比如说都是美西的比赛,我可以比较美国的比赛的价值观、导向、意识形态,以及影像的选择标准是什么样的,欧洲为中心的又是什么样的。我对亚太地区和澳大利亚的摄影比赛也很熟悉,亚太地区也有好多地方在举办比赛,我们中国也有比赛,我们可以去做这样的比较,其实它的学术性也很强,而且我能驾轻就熟。结果,去了斯坦福大学后,在硅谷,我每天经历的是那种去中心化的生活,每天被数字化的东西击打着。你去看看谷歌和 Adobe,都在那一带,全部都是数字化的生活。就这一年,我回来之后立马改题,我跟我导师说我要换题,我要换的题目叫《数字化语境中的图像传播》,我是中国最早研究这个的。

【采访者】确实太早了,现在也不过时。

【黄文】2002 年,你想我都研究 18 年了,我觉得在中国能研究这个话题研究 18 年的人真的不多。我的论文是 2007 年写成的,大概 2008 年吧,中国文联出版社就把我文集出了书,这也算是国内研究这个问题比较早的专著了,在中文专著里算比较早的了。就是在那个阶段,中国开始出现了一批最早的给传统的新闻文字工作者和新闻摄影工作者进行全媒体化技能培训的尝试,我是发起人之一。这个培训项目最早不在北京,在大连,在一个医科大学里面,开设在了大连医科大学里面的一个艺术摄影专业。但是因为该项目是跟英国的博尔顿大学合作进行的,博尔顿大学觉得数字化的问题已经不能躲避了,我们希望能够招收中国的年轻人开始进行全媒体技能培训。因为我做新闻系学生的时候,我们专业分得可清晰了,你是摄影的就是摄影的,你是文字的就是是文字的,你是广电对就是广电的,就这三类对吧?但到了 21 世纪第一个 10 年的时候专业划分已经不是这样了。我们大概在 2006 年左右,多早啊,就已经开始在大连医科大学做工作。

【采访者】真是,最早的一个融媒体的种子播撒了。

【黄文】对,回头看过去十几年前我会很开心,我说我其实在这个事上还真的有点推动作用,做了点工作。而且这个事儿实际上有点那种蝴蝶效应,其实你就在一个很小的不起眼的角落默默地做了这样一份工作,但这份工作最后的结果是按照你想象的样子或者你预测的方向不可阻挡地发展下去了。所以说这个事的时候我没困难,而且我觉得我谈这个问题特别有话语权,我特别愿意谈这个话题。【采访者】您觉得像现在您说的往前看两三步的这样的背景和环境下,我们这种专业的媒体从业者从素质上有没有什么要变化的?

【黄文】有的。你看,我刚才说我们上新闻系接受教育的时候,只需要接受你所学专业的教育就够了。现在,假设你是中国传媒大学或者中国人民大学新闻系的学生,如果说你不具备全媒体内容生产的技能,你都不能毕业,你是不能毕业,你不该毕业,因为你根本没法毕业,新闻单位会觉得我怎么用你啊对吧?如果你不会全媒体的这种生产的话就不能胜任工作,这个素质是一定要有的。再有一个是现在的新闻专业的学生要有与人交流的能力,也就是与人互动的能力。

【采访者】这个以前不也要求有吗?不一样了?

【黄文】是的。因为我是经历了过去的时代的,我们过去的传播是单向的,我说你听,对不对?电视也好,通讯社也好,广播或者纸媒也好,基本都是单向的,读者来信都啥时候才流行起来?对吧?过去的媒体都是高高在上的,对,那时的传播方式非常非常滞后了,根本不是实时互动的。现在,一家媒体如果没有交流能力,或者没有交流的意愿的话,你是成不了好媒体的。现在,媒体社交化的特征表现得极其突出,你想把你的媒体变得有社交能力的话,第一你的态度要对,对吧?你得愿意跟人交流。第二你的技巧要对,对吧?就是得你的方法得当,要会交流,你不能什么事都横着来对吧?撅人家,或者不给人家好脸色,或者就拧着来是不行的。第三你得有需求意识,你得知道人家想听什么,然后人家想听的东西你有,你要把你想给人家的东西给对方,还要用对方能接受的方式,其实这个是有很深的学问的。【采访者】我当年访学去的也是美国,去的是密苏里大学新闻学院。

【黄文】啊,我去那儿评选过。

【采访者】啊,是吗?对对对,它每年都有一个晚宴,然后搞评选。我当时在密苏里大学新闻学院上的就是全媒体课,那时候这个课程还比较新,让我觉得耳目一新。您觉得管理这样的全媒体人才,对领导的领导力的要求有什么新的变化吗?

【黄文】自己得懂啊,要不然你会很困扰会很痛苦的,会觉得有隔阂,会觉得小孩儿们说什么你都不懂,这事其实挺吓人的。作为全媒体领导,学习能力要特别强,我觉得做一个领导,或者作为一个人,学习能力是必须要保持的,就是要终身学习,这个是社会的要求,做一个人要想做到完整,能够始终处于一种跟社会活跃交流的状态,学习力是非常重要的,一定要能学习。再有一个,你的思维那种开放度得够,因为你会不断听到一些更年轻的孩子在说一些很新鲜的语言,而你可能不知道他在说什么,压根不知道。

【采访者】能给我们举个例子吗?

【黄文】你比如说"奥力给",奥力给我是从我儿子那听到的。

【采访者】他多大啊?

【黄文】他十几岁,还没成年,我生小孩生得晚。他说有一个视频,我给你看一个视频,就是那个"战胜恐惧的最好办法就是面对恐惧",第一版的那个奥力给大叔。然后我当时就在想,现在的00后,这么鸡汤的东西都能给他们灌饱了,我当时有点郁闷。但是我自己想想,这么孤单的一些孩子,有一个人这么给他们打气,告诉他们其实你们不用气馁,你们面对这个世界的时候不用害怕,你只要加油,你好好干,其实是很励志的。它能火是有逻辑的,并不是因为这个大叔可笑他才火的,一定是有些东西触碰到了孩子们心里的需要。作为媒体人,你就得去想这件事情,你得打开心灵,就是开放度很重要,你想他为什么会这样对吧?你看比如老年人刚刚看后浪的时候,何冰说得热热情洋溢的,对吧?很激动,但你第二天你就会觉得不对劲,你的态度就反转了。小孩说我觉得就你们一天到晚在教训我什么的对吧?我在地沟里活着呢,什么后浪对吧?人家肯定就该跟你急了。然后但是等到你看到"自己的英雄"的时候,你一下子突然就热泪盈眶,你会发现其实所有励志的东西仔细想想就是"自己的英雄",就是快手的宣传视频。你去看这些视频,你会发现这些视频的每一帧镜头、每一帧画面都来自 UGC,没有一点儿专业的采集,全部都是 UGC 的内容,全部! 这些视频都有多少万、多少百万、上千万甚至更高的浏览量。你看这些视频的每一个镜头都饱含真诚,特别真诚,但是你看它们的剪辑,你会觉得这是一老炮儿,就是一个极其优秀的剪刀手,就是特别棒的专业的剪辑人员做出来的片子。然后奥力给大叔,虽然他已经变成一个老百姓,啥都不是了,一天到晚搞怪,但他其实曾经是一个职业人,他的声音也很有特色,如果让他去把那些励志的串词给念出来的话,那绝对是一一剂鸡血打进去,肯定会带来数以千万计的流量,但这件事让我看见的就是全媒体到了一个新的阶段了,这个阶段已经不再是媒体人的游戏了,它变成了一个全社会范围的公众的游戏,而媒体人在里面扮演的角色就是要把 UGC 转化成 PGC,你要做金手指,做点石成金的那个人。每天有上亿的自媒体内容被生产出来,你以为都是垃圾,但是里面总会有那么几个专业化的产品,最后被你一转,可能就变成了一个有巨大影响力的内容在合适的平台上播放,就是凭借你的巨大影响力能够引起受众巨大共鸣的那种东西,而是它会比你采来的东西更接地气,因为它是来自大众的,它是鲜活的。我们作为媒体从业者,把自媒体的优秀内容搬运过来之后进行加工,然后把它做好就行了。我觉得现在的媒体已经发展到这个阶段了。

【采访者】您对融媒体的体会蛮深刻的。最后我还有两个小问题,就是我看到您的自述里面有几句我觉得很有意思的话,第一句是"我没有忘记我是女人,但我也没想过,因为我是女人得到更多的照顾",我不知道您还记不记得,是多少年前的?

【黄文】是在《不想过节》这篇文章里。

【采访者】第二句是"或者我做这件事格外的不容易",现在这个话变了吗?您还是这么理解的吗?

【黄文】我还是这么理解的,因为我那篇文章的名字叫《不想过节》,是为三八节写的。

【采访者】这是哪年的文章？我们都没找着。

【黄文】1999年或者2000年写的一篇文章，待会儿我可以给你去找一找，也许能找到，那个东西不知道放在哪里了。

【采访者】不想过节？这个标题是啥意思啊？

【黄文】不想过节就是从三八节说起来的，因为每年3月8号的时候，女同志要有半天假，因为要给你过节。我跟你说一下我对节日是怎么理解的，我认为节日实际上是对弱者的奖赏，很多的节日都是对弱者的奖赏，就是说因为你这个族群没有得到公正的待遇，没有得到平等的关怀，所以我给你过个节，奖励你一下，或者让人家重视一下，比如护士节对吧？妇女节、儿童节，基本上都是这样的一种节日。所以我不想过这节，我觉得过这个节本身就意味着告诉你，你们还不平等呢，所以要过节对不对？我就告诉你要平等，要平等，要平等，你平等不行啊，对不对？你看很多节日其实都这样的，设的各种各样的纪念日都是这样的。所以我说不想过节的时候，我其实就是在努力的去找一种感觉，有朝一日我要的是天天过节，我的每一天都是节日的时候，那我就真的实现了和别人平等了对吧？包括劳动节，也是这样的，这是给劳动者的节日，对吗？都是这样的。因为现在还不能做到天天过节，所以人家还给你一个半天的节，这一方面是对你的关怀，另外一方面也提醒你，你还没有获得与男性平等的权利。

对于一个女性来讲，这点是表现很突出的，就是当这个社会还照顾你的时候，当然人家可以说出各种各样的理由要照顾你，对吧？你可能 physically weaker，对吧？就是你的身体可能不够强壮，对吧？你的精神意志力可能不够强大，各种各样的理由，或者你没有得到你应有的待遇，所以我就提倡女士优先，提倡男士要绅士一点，等等，所有的这些都打了一个标签，这是个以男权为中心的社会，这个社会给女性下了一个定义。在这个定义当中，当以男权为中心的社会对女性比较友善的时候,所采取的方式就是让着你,对不对?当这个社会对女性不友善的时候就会去欺凌你,对吗?他无非就是这两样,但总而言之你是下一等的人,对吗?你是下一等的人,你才需要被人这样对待。我反对这个,所以我就提了不想过节,所以为什么我说我自己知道我是女的,因为什么?你比如说你在身体上确实没有人家强壮,人家能扛 30 公斤的东西,你扛 15 公斤就已经累得不行了,我那个时候在战场上 16 公斤的摄影包,一天扛 16 个小时,都要累死了,真的是浑身疼。但那个时候我的意志力很强大,就是不行也非要扛着,也就扛起来了。但是确实你会觉得还会有各种各样的障碍,让人家觉得你和人家不一样。首先一个表现就特别典型,人家说你作为一个女人,你做这些事真不容易,我就想拍案而起了,为什么?这个时候人家就会认为你都做到这个份儿了,你真不容易。但反过来,两个男人之间绝对没有这样的对话,男性之间是互相竞争的关系,对不对?你行,我比你还行呢,男人从来不会说,你都做到这个份儿了,已经不容易了,对吧?我记得我做媒体宠儿的时候,有很多人采访我,那个时候我在电视台做过一个节目,就是关于反对性别歧视。我会觉得节目中的老师在回答问卷的过程中越来越气愤,对此我是可以理解的,她自己的心理失衡了,她觉得你在不断强调和强化一点,就是女性是弱一等的族群,是差一等的人,所以才需要被人照顾和呵护。【采访者】对,那位老师,就那位特别气愤的老师,看到问卷,到她确实感觉自己很受伤,后来我们还约着给她解释了一下,说我们不是觉得女性低人一等,而是我们想说男性女性有他的基于与女性生理结构不同的一些特质,包括性格上。说到这个,我还看到您自述里面有一段话,也是说我们经常说女人比较注重细节,男人比较注重过程。在您摄影的过程中您的表达方式也会自然而然地去捕捉一些比较人道主义的题材,比如,妇女和儿童,现在您再回过头来看这段话,有没有更新的一些思考或理念?

【黄文】仔细回想这件事的时候,我发现摄影师这个行业当中还是男性居多的。

【采访者】对。

【黄文】我看到一些优秀的男性同行的作品,发现他们对细节同样非常的关注,人道主义同样也是贯穿着优秀的摄影师的作品的重要的主题,所以在这个问题上其实不分性别的,我觉得其实是不分性别的,而且你越看得多了,你这个感受就越明显一点。我觉得女性摄影师和男性摄影师的不同在哪呢?是他们对女性的态度在摄影当中表现出来的不一样。

【采访者】怎么说?

【黄文】很多男性摄影师在拍摄女性的时候,他的那种观看者的心理比较强。男人在拍摄女人的时候,他在努力地寻找一个女人美丽的样子,哪怕是一个境遇不是特别好的女人,他们拍出来的女性也能在很大程度上显示出她的优雅、美丽的一面。女人不是,女人在看女人的时候,她可能内心会更疼,她的同理心会更强。对,那是身为女性独有的视角,女人和男人看女人的角度是不一样的。你注意看这个社会,男的和女的都爱看女的,女的其实并不爱看男的,绝大多数女性她也爱看女的,但很多女的看女的是为了看别人怎么好,看完了这人希望自己也变好看,照着她那样的好看。反过来,别人如果不好看,我通过观察她,避免像她那样子,这也是由男权社会造成的女性视角,在男权为中心的社会,女性觉得自己是被观看者,她才会这样。但是我越来越多地发现女性摄影师在拍摄女性、表现女性的时候并不总是会那么小心翼翼地表现女性的优雅,不是,因为对于她来说,她更愿意去揭示女性同伴的真实,那种真实有的时候是不优雅的,有的时候甚至是很极端的一种状态。但女性摄影师可能会那样去捕捉和表达,因为她觉得那是她看到的真相,她会这么做。男性在拍女性的时候会手下留情一些,他会想办法让这个女的拍出来更好看一点,这是男性那种观看者的心理决定的,他拍的时候,哪怕一个有同情心的一个男性摄影师在拍妇女的时候,整个画面呈现出的效果都与女性摄影师不太一样,你可以仔细地观察并揣摩一下我的这个观点。你不要看商业摄影,商业摄影因为它是已经都包装过了的,是要取悦于被摄者的,你就看纪实摄影这类作品,它的表达主要会呈现出这些特点。

【采访者】您说的这个对我还确实很有启发,我回去找一些图片来看一看。

【黄文】对,你看一下,就是看一下女性摄影师的作品,你比如在大萧条时代兰格的作品,她已经表现了很多贫困地区的女性,兰格的作品当中的一些女性很好看,但是她的那种忧伤、她的那种困惑和困顿,表现得特别的清晰。但她又不是一种剥夺和暴露式的,她同时还是有尊严的,但那种尊严不以优雅为包装,她不是那样做的,不是那样去反映女人的。女性摄影师拍女性的时候可能更接近真相,彼此有共情的地方,对,她可能更接近真相,因为她觉得这个才是我们女性真实的模样,扮起来的我们不是我们,那是男人希望的我们的样子。她会有这个意识,我也是慢慢才体会到的。其实一开始我以为女人可能重细节,男人重过程,你想想,优秀的女摄影师重过程的人有的是,好的男摄影师重细节的人也有的是,大家都在这么做,但是女性在摄影作品中表现出的态度与男性有很大差别。

【采访者】你说这个我不知道中间有什么联系,我突然想到一个我自己生活中的事。因为我的孩子也比较小,才不到两岁,一岁多。生产前,我问我朋友去过的私立医院,老公是可以陪产的,然后我是在协和医院生的,这里是不可以陪产的。我记得当时我老公长舒一口气说,你让我陪产,我在旁边都不敢看,我也不敢进去,感觉他好像没办法直面这种太血淋淋的真相,这种女性的苦难的感觉。但是我生完孩子之后,我是可以面对这些的,我反倒更像您说的,愿意去欣赏这种有经历、有故事的女性,对,我现在可以了。

【黄文】我觉得反正我们不妨去多做一点这样的观察,这可能是一个很有意思的观察角度。因为从这个角度说,男性和女性观察的目标是相同的,但最后拍摄出来的结果如果不一样的话,这才有比较的意义。

【采访者】是,好有意思,这个确实有意思,反正值得我们去观察,我们后期可以做一下这种比较研究,或者找一些您说的比如说图片,然后我们也可以把这些东西拿过来做一些文本的或图像的元素分析,看看能得出什么有意思的结论。您还确实是一个研究者。

【黄文】我也是在工作当中一点一点地把那些观察的东西当成一个心得,如果想到什么我就记下来,或者就往那个方向多做一点点。其实我忙起工作来也不一定总是能够真正潜下心去深入研究,但是总的来说,我还是做了一点思考。

附件二:深度访谈代表案例:S

一、S 半开放式采访提纲

非常感谢您在百忙之中参与我们课题组的深度采访!本次采访的核心目标是结合您在媒体行业的从业经验,谈谈融合媒体传播环境下传媒业女性领导力的"变"与"不变"。即在传统媒体传播环境下传媒业女性领导力的影响因素有哪些?在当前融合媒体传播环境下传媒业女性领导力的影响因素又有哪些?它们(影响因素)之间变迁的内外部缘由是什么?在此基础上,结合您的从业经验,您认为融合媒体传播环境下提升传媒业女性领导力的路径有哪些?访谈在开放和把握中心的基础上进行,如您有不清楚的地方,还请及时提出,再次感谢您!结合您个人媒体从业经验和个人领导力提升过程,访谈主要提问如下:

1.请您大致介绍一下您在传媒领域的个人成长成才履历?(请从时间维度上回答,信息包括何时晋升、何时结婚,有过几年领导管理工作等,请尽量全面详细)

2.请问您对女性领导力是否有过思考,有的话,是从哪个阶段开始的哪个角度的思考？您如何定义女性领导力？

3.请问您认为影响女性领导力的有哪些客观与主观因素？（请从个人、家庭、社会、企业，或者其他方面回答）

4.请问您认为传媒业女性领导力的构成要素（特质）有哪些？或者说您认为在传媒业具备怎样特质的女性才称之为具有女性领导力？

5.您觉得在传统媒体传播环境下影响传媒业女性领导力的主要因素有哪些？（请从个人、家庭、社会媒介环境、社会制度、企业，或者其他角度回答）

6.您觉得在融合媒体传播环境下影响传媒业女性领导力的主要因素又有哪些？（请从个人、家庭、社会媒介环境、社会制度、企业，或者其他角度回答）

7.从历史维度和媒介传播环境角度，您认为这些影响因子（指问题5、6所涉及的影响因素）变化的深层原因是什么？（请从社会发展变迁、媒介变迁、企业环境变迁、女性个人意识变迁，或者其他角度回答）

8.您对目前晋升的速度和高度满意吗？您觉得阻碍您发展"天花板"的因素有哪些？（请从个人、家庭、企业、社会，或者其他因素深入阐述）

9.您觉得媒体融合对您的职业发展有影响吗？具体表现是什么？

10.您觉得在融合媒体传播环境的当下传媒业女性应如何提升其领导力？

二、S深度访谈录音原稿一（有整理改动）

【采访者】好，我们现在开始，然后我把采访大纲调出来，我们主要这次做的采访是关于女性领导力的，但是传媒业的女性领导力，您能不能先大致介绍一下您个人的成长和成才的经历，包括教育背景、工作时间节点、何时结婚，有没有从事过管理工作。

【S】本科，华中师大国际政治学院，研究生中国传媒大学新闻学院，包括理论与实践方向，2009年毕业进的××单位，一直担任记者，2014年结的婚，2017年生的小孩，2015年开始担任采编这块的采访部主任。我想一下，2015

年是担任的对外采访部主任,到了 2018 年开始担任中文采访部主任,就这么个情况。

【采访者】好嘞好嘞。请问您对女性领导力是否有过思考？是女性领导力,不是说传媒业的,就是广泛的女性领导力这块是否有过思考,如果有的话大概是从哪个阶段开始的？是哪个角度的思考？

【S】女性领导力,我不是太明白这个概念是什么意思,是说传媒单位的一些领导层的女性的对他们的一些观察认识吗？是这个意思吗？

【采访者】其实我在做这个项目之前,我对这个词也不是很懂,但是你有没有听过"领导力"这个词？

【S】好。肯定也见过,但是没有很认真地思考过这到底是个什么意思。

【采访者】明白,其实就是现在有一部分的研究是针对女性的,然后把领导力这一块也单独拿出来了,就做了女性领导力研究,但更多的是针对政界,就是女官员什么的。我们这个课题是针对传媒业的女性的领导力的一个研究,其实在国内算是空白了,也算是先驱,所以您没有听过也很正常。我们先抛开传媒这个行业,所有的,各行各业,你觉得提到女性的领导力或者女性领导力,你是怎么理解、怎么定义的呢？

【S】领导力应该分两个方面。一方面是领导,就是说在传媒业,女性当领导的多不多；另外一方面就是说她们做了领导,她们的控制力,包括各种决策,她们的一些判断,包括她们的一些交际,带领团队的这种工作的能力,这些整体的素质,我觉得应该是力吧,一个领导一个力,可能两个方面我会这么理解。就是说你让我观察的话,传媒业女性能做领导的潜在的苗子还是比较多的,但是真正能做领导做到一定高度的还是比较少,处一级的女领导比较多,但是到了厅局级就越来越少。你像我们这种单位,像分社一级这种中层,什么副总编、常务,女性还是比较多的,但是你说到了社长级别,现在整个××单位的社长,我看湖北、安徽、上海,总社一个部门有一个女领导,像我们这种正局级的现在可能也就是五个人之内,但是像处一级的女领导就比较多一些。就是说女性在职场往上走的话还是做具体事务的比较多,但是要升到一定职务很难。因为职务越高,越需要统筹整个大局,她可能也有能力的原因,或者说是思维方式的原因,也有环境的原因,环境的原因可能比较突出,因为毕竟现在还是一个男性为主的社会,男性和男性沟通起来还是比较方便一点。你像女性的话跟她们沟通你会发现,可能很多女领导已经变得比较男性化了。当然也有家庭和事业都照顾得比较好的女性,但是你看她们都是那种气场比较偏中性的,可能这种性格在职场向上晋升更容易发展一点。

【采访者】副职也没有吗?副职多不多?女的,副社长。

【S】副社长有,也有一些,如果算上副职,副社长的话可能就要稍微多一些,副社长社长加在一块,我估计可能有10个。

【采访者】整个××单位吗?

【S】因为我认识的也有,副社长的话,湖北分社的副社长是女的。

【采访者】你们那儿有吗?

【S】我们这儿王丽已经进党组了,估计也快了。

【采访者】她是70后吗?

【S】对,她是70后,她快80了都,78年。

【采访者】70末的。

【S】对,其他分社可能也还有,但是我周边的这些我知道一些。

【采访者】明白。

【S】但整体上肯定不会太多。

【采访者】明白。你觉得影响女性领导力的因素有哪些?刚才你提到了一点,就是有客观的,也有主观的,比如说从个人、家庭、社会,方方面面,各个角度,你觉得影响因素有哪些?

【S】我觉得肯定还是主观因素影响比较大。首先女性一结婚就容易把家庭当做重心，可能在事业上就不是那么关注了，包括她的事业心、上进心、一些工作时间，付出的精力都肯定是要受很大影响的。你像我这种都已经算是拼的，但肯定明显也是这样，包括一些要需要出差的小分队，我以前就愿意接，但我现在出差要顾及很多，我现在下乡什么的比以前要少很多，所以说主观因素肯定是有的。也可能女性本来就觉得自己就是这样，或者她就喜欢待在家里照顾孩子、照顾家庭，我觉得这种情况占相当大的比例，我身边有这样心态的女性也比较多。另外我刚才也说了一些女性的思维方式与男性是不同的，作为单位的中层领导，她可能考虑业务会多一些，她的重点就会集中于某一个领域，比如说她就考虑行政，一些办公室的一种杂物性的，要不然她就考虑采编什么的。但是再往上走的话，她还是要有一个统筹大局的能力，这方面能力我觉得男性还是要比女性有优势一点，这个是不得不承认的，因为男性的逻辑思维能力比较强，他们更善于从纷繁复杂的情况中抓住重点。

【采访者】也就是说女性要感性一点，琐碎一点？

【S】对，对，女性要感性一点，琐碎一点，女性更容易受周围人和环境的影响，女性的逻辑思维能力确实要差一些，但也有例外，你像我们分社的王丽，她的理性思维能力就比较强。

【采访者】她有孩子吗？

【S】有啊，她有孩子，上高二了。

【采访者】她做事的风格也是比较中性那种是吧？

【S】对，因为我自己本来就是女的，我也不存在歧视女性什么的，我觉得工作中男性还是比较善于把控大的方向，这一点不得不服。另外，之所以男性领导比较多也有社会的原因，这就是个男性为主导的社会，你去哪都是跟男的打交道，就算你在这个单位里面女领导比较多，你出去了之后走到社会上，不管是官员或者是什么企业领导，都是男的在挑大梁，你要跟他们打交道，女性还是会有劣势的，

【采访者】劣势体现在什么方面呢？

【S】你会有顾虑，比如说男性之间很容易一起抽个烟或给个烟、喝个酒，然后就可以称兄道弟了，你说你一个女的你能怎么办？你要做交际花吗？

【采访者】你就给人点个烟是吧？

【S】肯定有顾虑，这样的女性毕竟还是需要一些社交天赋，还需要把握交往的尺度，这都是比较难的。

【采访者】社交上有壁垒。

【S】对，社交上有壁垒，心理上也有壁垒，然后一个男领导和一个女女同志毕竟也有性别上的差异，认识上也有差异，加上个别男性对女性也是存在一些歧视的。

【采访者】歧视？比如呢？歧视应该这个词是偏负面的，等于说是个劣势是对于我们女性而言的。

【S】因为好多男性，特别是当到领导的男性，他虽然不说，但是可能心里觉得女人在家照顾照顾孩子就行了，女子无才便是德，可能自己觉得老婆的主要职责就是在家照顾家庭，一个女人跑到外面说打天下，东跑西颠的，人家对你也会有一些看法，可能会说你是不是花瓶，或者说你是不是有什么关系或者怎样，不太容易获得大众的信任和认可，除非你说你通过一定时期的工作表现，或者通过你的一些作品，或者通过你的采访，让男领导觉得作为女性，你这个人确实是有实力的，他才会慢慢地开始尊重你。

【采访者】明白，要证明自己对吧？你觉得这种歧视有没有地域性，比如说在北上广深这种一线城市，这种情况会不会好一点？还是说都差不多。

【S】因为我顶多也就一年去总社待上一个月，这几年去得还比较少，所以不是特别清楚，但是我觉得应该或多或少也都有类似现象吧。

【采访者】明白。好的，我们说回来，你觉得说到传媒业的女性领导者，你觉得她的特质或者是领导力的构成要素有哪些呢？就是具备怎样的特质才能称为具有女性领导力？

【S】身在传媒业，首先你的业务能力得过关，而且还要比男生强很多，才容易被发现。

【采访者】您是说业务能力要强很多？

【S】对，首先你的业务能力要强，另外要能和大家打成一片，对，一个孤独的女性是很难被发现的，传媒业毕竟还是个比较热闹、年轻人多的行业。

【采访者】所以她业务能力再强，但是不合群也不行。

【S】我觉得合群也是女性领导必备的特质，作为一名优秀的女性领导者，我觉得我观察下来应该善于和大家打成一片，就是你的心胸还是要宽广一些的，不要太计较琐碎的东西，要能包容别人、忍让别人。能容忍别人，这个也是很重要的。还有你的社交能力强不强？突破能力强不强？

【采访者】社交能力是对外的吗？

【S】对。你在单位内部，包括在单位外部，都必须要有社交能力，传媒行业本来就是和人打交道的。

【采访者】OK，其实还是偏重于传媒业务本身的一些特质。

【S】首先女性是凭业务让自己发光、出挑、引人注意的，但是下一步你的发展高度还要取决于你后面说的那两点。

【采访者】明白。好，接下来两个问题其实是同类问题，有点拗口，您仔细听一下。您觉得在传统媒体的传播环境下，影响传媒业女性领导力的主要因素有哪些？请从个人、家庭、社会、媒介环境、社会制度、企业或者其他角度回答。在传统媒体，像你现在做的也是传统媒体，但是可能网络环境已经渗透到了传统媒体，再之前可能更传统一点。在那个环境下，尤其是体制内，你觉得影响传媒女性领导力的主要因素有哪些？下面这个问题你可以对照思考，在融合媒体传播环境下，就是我们现在讲媒体融合，包括县级融媒体，你可能有时候还要采一些新媒体的内容。在这种大环境的影响下，包括要做一些公号、网上的新闻什么的，你觉得在这种环境下影响传媒业女性领导力的主要因素又有哪些？这两个题请您对比谈一下。

【S】这个问题其实我的理解是，这两种媒体环境对于女性发挥领导能力现在有哪些限制是吧？

【采访者】差不多，影响因素可以是促进的，也可以是阻碍的。

【S】我觉得其实怎么说呢，要说对女性的影响，因为我觉得可能整个领导队伍都存在这样的问题。就是说现在传统媒体为什么现在都是确定了是网络热点再跑新闻，本来是说让我们成为党的耳目喉舌，然后让我们引领舆论，但是现在好像传统媒体处于一种比较被动的局面。像我们现在的记者好像都是网上出现热点，我们赶紧去核实，赶紧去追踪，但是主动发现新闻这方面就要差了很多。像我这种又经历了你说的，2012年的时候我还在买报纸，那之后就开始出现各种智能手机，从最早的什么苹果4到现在的各种更新换代的手机型号，现在也没有人看报纸了，我还是学报纸的。当年我导师还说我们有生之年是不会看到报纸消亡的，没想到是这个结果。

【采访者】是他的有生之年，不是你的有生之年，你导师是不是七八十了。

【S】对，但我明显感觉得这几年的变化是很快的，所以我们的感受也是比较明显的。

【采访者】那个时候，比如说你做报纸时候你的女领导现在再去办报，你觉得她的领导能力有什么变化吗？以前适应她所在岗位的那些领导，现在是不是还能胜任？

【S】反正肯定是有不能胜任的。新媒体这块的人才是比较缺的，现在能当上领导的，起码都是工作10年以上的，像我们这一批人现在就开始陆续走上领导岗位了。其实这批人在学校里面，和刚参加工作时面对的还是比较传统的媒体环境，习惯的也是传统的采访方式，所以她们要适应新媒体环境也是一个比较艰难的过程，毕竟现在变化太快了，各种各样的媒介，各种各样的载体，似乎好多东西这也看过,那也看过,但是好像就有点眼花缭乱的感觉。但是,如果说女性走上领导岗位的话,你像那种传统的报道,我们还是以内容为王,要说采访这些功底,我觉得我们还是都是很扎实的。好比说我们要做一些调研、一些深度采访,都是没有问题的,制约女性发挥领导力的主要因素还是新媒体,也就是你说的融媒体。

【采访者】制约。

【S】对,其实就是现在融媒体对领导力的一个制约,我觉得这个可能是最要紧的。比如说我们有一些比较老的领导,你让她搞传统媒体她是没问题的,你让她说我们新媒体怎么办?这个报道我们应该怎么样呈现?用电视或者网络或者什么抖音那些怎么弄?她也说不出来。

【采访者】她指导不了。

【S】对,她指导不了。

【采访者】那她通过学习能胜任吗?还是说也很难胜任?因为像你说的养成的过程就没有了,你可能来一个90后做领导,她可能先天就懂新媒体。

【S】那也不一定,有一些领导还是能跟得上,但这种领导比较少,她的脑洞是比较大的,甚至比年轻人可能还要活跃。

【采访者】明白,就是有学习能力还是可以的。

【S】对,而且也跟年龄有关,如果说像我们这种入社10年左右的,她去如果说是关注这块,主要还是有一个问题,就是关注度不太够。因为前些年的话,我觉得我们的传统媒体还是主流,然后这些年就觉得这种形势越来越紧迫,不学习不行,不研究不行,其实对于我们这些人来说,也没有老到就是说是学不动的时候,我们也是可以只要关注这个东西还是可以跟得上的,主要还是要有这种重视的这种,一定要去重视它,研究它。

【采访者】好,刚才我们讨论了从传统媒体到融媒体的传播环境下对领导力的影响,您对目前晋升的速度和高度满意吗?您觉得阻碍您发展的带引号的天花板因素有哪些？请从个人、家庭、企业、社会或者其他因素深入阐述。

【S】现在最大的天花板就是回避(政策)，如果说放开这个事情不讲，我两年前就应该提拔了。但是，我最大的一个影响首先就是生孩子，如果不是生孩子，我可能还要再早一点被提拔，生孩子肯定是耽误了晋升的。其次就是回避，如果没有回避的话，我也算是个比较正常的一个提拔速度。

【采访者】你觉得你现在的提拔速度不正常吗？我觉得也挺快的。

【S】我现在还没体验过，我现在的回避问题还没解决，还卡在这儿。

【采访者】如果让你重新规划，你会更早还是更晚生孩子？还是就像你现在这个时间生孩子？

【S】我就不生了。

【采访者】你少来，你肯定要生。但是假设你有上帝视角，你觉得哪个阶段生孩子对事业影响最小？

【S】如果说必须生的话就早一点。

【采访者】就不是如果必须生，你怎么可能不生，你肯定要生。早一点是说一结婚就生？

【S】我还是比较想做丁克。

【采访者】真的，天，你这也只敢等奇妙睡了你才说。

【S】没有，我是因为杨洪涛坚持要生，所以我才生的，不然我可能还在拖。

【采访者】明白，你是不需要跟家里交代是吧？你不想生就可以不生，不需要向你的家里交代交代。

【S】因为我目前的心态是不想生，也许某一天我又想生了。

【采访者】你想做丁克是出于对事业的考虑，还是怕身材走样什么的？

【S】不是，我觉得

【采访者】太耗时间和精力了。

【S】是，因为我也不喜欢带孩子。

【采访者】我们有点跑题了。

【S】你问我,所以还是以前面的回答为准,就说如果必须要生的话,那就早一点。

【采访者】早一点,好,你觉得职场天花板其实还是生育对吧?阻碍你发展的,除了生育,你觉得还有别的吗?

【S】如果说没有回避政策的话,应该还算是比较顺利,如果没有回避政策,我的晋升之路应该会比较顺利。

【采访者】好,您觉得媒体融合对您的职业发展有影响吗?具体表现是什么?

【S】有影响啊。我就是私底下跟你说的,我被回避了,然后另外一个要提的是传统业务很差的人,但是是因为我们之前就没有人去研究新媒体这一块,当时他去搞了新媒体,结果他现在成了提拔对象。你说这影响大不大?

【采访者】你们的新媒体是什么?

【S】××单位的新媒体。

【采访者】是微博或微信公众号吗?

【S】就跟你们是一样的,视频,短视频这种。

【采访者】内容分发的平台不一样是吧?它生产的内容是什么?

【S】其实我们单位跟《人民日报》的新媒体是比较像的,你看人家《人民日报》搞得丰富多彩的,我们也想搞成它那样,但也是受种种因素限制吧,××单位一直没搞起来。我们现在的干部选拔标准已经慢慢在变化了,像我们这种调研能力强的,能吃苦的,愿意下乡的,现在都慢慢开始不吃香了,已经出现这种情况了。【采访者】明白。

【S】因为××单位毕竟还是一个调研为主的单位。

【采访者】对,调研是他的王牌,所以其实阻碍你发展的天花板因素也可以包括没有对新媒体那么那么关注,没有掌握新媒体的相关技能,对吧?

【S】不是,也不能这么说,因为我只是说是因为很早接触了新媒体(业务能力),所以我的同事也成了提拔的对象,但是如果说是我没有被回避政策影响的话,他对我是没有威胁的,新媒体技能是一个充分但非必要条件,你明白吗?这种结果也是因为种种原因吧。

【采访者】您有没有近期或者中长期的提升自己领导力的打算?准备通过什么方式呢?

【S】打算!我想把自己的问题解决了,领导力还是要多学习咯,你不能一直在往外掏而不吸收新知识。因为现在我们好像看书看得比较少,主要是通过实践在学习,比如我关注哪个领域,就去学哪一块的相关知识,一些书籍或者纸媒什么的看得要少一些。浏览抖音那些短视频可能比较占用时间,我觉得这样还是不行,还是要多看书,要一直不断地充实自己,才能有东西向外输出。看书和看手机它的效果还是不一样的,因为手机信息毕竟还是太碎片化,而且它的内容的深度比起书籍,特别是经典的书籍差距还是很大。所以我最近也一直在看书,还是希望自己能静下来。另外就是新媒体这块确实要关注,如果将来我的问题解决了,就是提拔了,我肯定要面临今后做一些报道的时候新媒体应该怎么做这个问题,这不应该成为自己知识的一个盲区,或者说是不能让自己无法给年轻的记者一些引领或指导。

【采访者】明白。

【S】肯定这方面是要补的。

【采访者】好,最后一个问题,您觉得在融合媒体传播环境的当下,传媒领域的女性个体应该如何去提升自己的领导力?也就是说要如何提升传媒业女性的领导力?

【S】我觉得还是要学习,因为新媒体对我们来说还是比较陌生的、不太熟悉的领域。

【采访者】其实这个就无所谓男女是吧?

【S】对。刚才说的那些我觉得差不多。

【采访者】还是业务方面的。

【S】业务方面,我觉得提升也不限于新媒体方面的领导力,要全方位提升,包括我刚才说的领导的决策力,包括社交能力,包括想象力。

【采访者】想象力是指什么?

【采访者】心有多大,舞台就有多大是吧?

【S】也不是,我不是说这种想象力,我是指新媒体这方面的想象力。你比如说《人民日报》出的一些新媒体的产品,我觉得就很有想象力。今年武汉解禁的时候,他不是出了一套那种素描的画,但是你一点然后就亮了。比如说黄鹤楼,它是个素描,一点就亮了,大家都觉得这个是和什么有个电灯的叫欧什么来着?

【采访者】不知道。

【S】就很有名那个,然后说是跟它合作的。

【采访者】欧普?

【S】对,说这个是和欧普照明合作了,其实我觉得这个就是一种想象力。大家都没想到,其实你看到之后也觉得并不难,但是你就没有想到,我觉得新媒体时代的想象力主要表现是人的思维方式不一样了。

二、S 深度访谈录音原稿二(有整理改动)

【采访者】从 2009 年到现在,11 年了,加,2009 年,1 可能有 1 年多了。整个过程中你是经历了从相对来说比较传统的媒介传播形式,到媒体融合开始抬头,到现在应该算是比较火热了,整个过程中你自己的工作样态有没有什么转变?我还想知道你从一个普通的记者到现在算是走上管理岗位了,还面临着继续往上走的这种职业诉求,这个过程中你遇到过什么困难吗?就是节点问题,你是怎么去面对、分析、思考这些问题的,又是采取了什么策略指导自己的? 如果有具体的事例也可以给我讲一讲,这都是不会出现姓名跟个人信息的,你放心。谢谢。

【S】关于你刚才说的第一个问题,你觉得我这几年的工作方式发生了一些变化,是吧?

【采访者】对。

【S】对,我觉得方式变化是非常大的。刚入社的时候我就是按文字记者招进来的。

【采访者】2909 年的时候是吧?

【S】对。

【采访者】2009 年 9 月?

【S】7 月。对,当时就是一个文字记者。我们采编分三块,一个是文字、一个是电视、一个是摄影,当时划分是比较明确的,就是说文字编辑采访回来之后写稿子就行了,当时电视和摄影其实不怎么受关注,在采编这块是比较边缘的两个部门,特别是电视。2010 年、2011 年的时候,当时社里考核,刚好赶上我们总社可能也是跟上面的领导有关的,它一年一年的考核会拿掉不太一样的内容。每年考核,电视采编部门压力特别大,他们会搞一些空镜,然后再配上稿子,就这么完成任务,内容质量是相当差的。

【采访者】等于空镜就是万金油了。

【S】对,也没人看××单位的电视,那个时候也没有人看,就是很边缘。外出采访我们会带着电视,会说我们单位还有电视版块,电视采编部门就处于这么一个状态。摄影部门相对要好一点,但是我刚入社头两年就开始了,那个时候叫"三位一体",就要求才工作一年多的文字记者既要会电视采编又要会摄影,所以,我 2010 年出去采访干旱话题的时候,我就记得我跟当时的同事王丽一起去的,那个时候她还不是领导,是我们采访部主任。我们就背着电视,好像还拿了照相机,采访完我就举个话筒,就我们两个人完成了全部采访,那个时候开始已经对记者有这方面的要求了,但是我们都觉得挺奇葩的,觉得文字记者就应该好好做文字采访,而且这种采访方式确实比较影响工作效率,它与单独的文字采访的工作方式是不一样的,而且你刚做完采访,又来这么一些操作,就很麻烦。

【采访者】当时你们等于是来两遍,先来一遍文字的,接着又举着摄像机再来一遍是吧?

【S】对,但是不瞒你说,反正我们当时觉得电视采访太简单了,是特别没有含金量的东西,内容也不是很深很细。

【采访者】你们当时拍的东西出口是哪里?平台?

【S】出口就是新华网,那个时候就是官网。当时曾经一度说××单位有一个网络电视台要在欧美落地,反正国内当时也是上面的政策原因,也没有给我们弄频道,但是合作了一些卫视,比如黑龙江卫视,我们的重点栏目是可以在上面播的,然后有传闻说国外也可以弄一个网络电视台,但是好像后来也不是很成功。

【采访者】等于刚入职的时候,你是一个人,只做文字,有时候还会带一个摄影记者是吧?

【S】不是,那个时候我虽然是做文字的,但是单位要求我们文字记者也要三位一体,就是你既要会拍电视,还要会摄影,曾经一度我们这些文字记者采访时要把这些相关的设备都带上。

【采访者】那你就一个人处理这么多东西?

【S】当然是两个文字记者,合作弄。

【采访者】那单位给你们培训吗?

【S】有培训,我印象里面好像是有的,但也不是很专业。

【采访者】等于其实你们还是重点放在文字上,然后你们拍的东西其实完成任务就好了。

【S】是,而且后面我就发现每一年总社他就一阵一阵的,每一年要求都不一样,好比说电视火了一年之后,它可能觉得不行,××单位的稿件没有优势,而且很烧钱,第二年就开始搞对外海外的宣传,然后电视又放到一边了,过了两年又开始搞集成式报道。集成式报道我到现在也没有搞清楚到底什么意思,但是现在回想起来集成式报道应该是融媒体报道比较早的一个概念,就是说报道里面有视频、有摄影,还专门把我们拉过去轮训,到总社去,每个记者都进行了培训,单位对这个也是很重视的。

【采访者】这是哪年的事?

【S】2014年还是2015年吧。

【采访者】这个概念也就火了个一两年。

【S】这个也是当时总社的社长提出来的,他搞了个网站。

【采访者】什么网站?

【S】叫什么来着。

【采访者】就是专门做集成式报道的网站?

【S】对,这个网站被我们是私底下嘲笑。

【采访者】是对你们内部的网站还是对外的新闻网站?

【S】对外的。其实就是个另外一个新华网,但这个网站影响力很小,最后也没搞下去,没人看。

【采访者】等于说这11年来你的工作模式是经历了几个阶段的变化的是吧?从最开始三位一体,然后到后面一点是做集成式报道,那做集成式报道的时候,其实对你具体的工作模式是没有什么影响的是吧。

【S】没有影响。

【采访者】该怎么做还是怎么做,我还是扛个摄像机,就是做一遍文字,拍一点东西就可以了。

【S】只有2010年的时候出现过这种状况,后面我就全是搞文字就行了,对,我又回到搞文字的轨道上去了。

【采访者】那你做集成式报道的时候也只需要搞文字吗?还是你有搭档搞别的?

【S】那个时候是总社在做多方尝试,其实我们在分社也没有搞,也没有重视这块。

【采访者】等于总社尝试完创新,其实算是没有成功,所以就没有扩展到下面的分社。

【S】总社可能觉得是成功的,但是我们都没有,我也没有那根弦,也没觉得这个事情跟我有关系,就是被培训了一下而已。

【采访者】你像各个分社的话,做融媒体有什么典型吗?有哪个地方或哪个分社做得特别好吗?

【S】有试点,比如说云南分社,湖北分社好像也是,有几个试点搞了一些新媒体中心,2015年就开始弄了。后来,2015年还是2016年的时候,我们又去总社培训,就开始叫融媒体了。我们当时拍摄还用到了无人机、GoPro。

【采访者】设备也是与时俱进的。

【S】对,其实我觉得总社还是一直紧跟媒体发展节奏的,只不过发展力度,包括对分社的管理这一块,以及分社是不是有这根弦是因分社而异的。

【采访者】你们比如说像GoPro这些设备你们学完用法后,回到地方上也就没有应用过吧?

【S】当时也没有给我们配设备。

【采访者】对,这东西好像还挺贵的。

【S】对,挺贵,而且我们觉得这种东西过时也挺快的。

【采访者】对。可能你配完之后它就过时了,那东西放在那儿也很鸡肋。

【S】对,当时我们年底提意见的时候说我们都去参加了媒体培训,但是回来之后又没有设备,无用武之地。我想想,2016年分社搞天眼报道的时候,电视部门去租了设备,然后用了 GoPro 那些设备拍,已经开始在尝试新设备了,我还记得我在路上等着拍摄,他们说这东西还挺贵的,好像一台要 2000 块钱还是多少。

【采访者】这么贵。等于每个分社的每个人都要去总社参加这种融媒体的相关培训。

【S】对。

【采访者】你到现在参加过多少次？每次多长时间？

【S】我印象里就参加过一个集成式报道培训和一个融媒体培训,一个是 2014 年好像是,另外一个是 2015 年还是 2016 年来着,好像是 2016 年。两次培训大概都是加上来回一共五六天时间。

【采访者】你接受培训的时候是什么感受？是觉得豁然开朗,还是觉得这东西听听就好了,没什么意义,对我没什么影响。

【S】我觉得集成式报道当时感觉不是太明显,但是融媒体报道我觉得还是有用的,觉得这个东西还是要学一下。

【采访者】您是哪年提的这个职务？是叫什么科长是吧？还是采访部主任？

【S】2015 年,对,工作 6 年后。

【采访者】你的提拔奏算是正常、偏快还是偏慢？

【S】正常偏快吧。

【采访者】比如说我现在想要评博导正高,我是会提前个一两年开始计划,是要有个筹谋的。你当时提的话,你自己有没有这个策略？

【S】没有。我们这种单位论资排辈比较明显,前面的采访部门有同事被提拔了之后,然后下一步领导觉得我对外还是搞得不错,当时其实我都不太想弄,领导说你先把坑先占上。因为对我们来说,采访部主任这个岗位,各个部门也不一样,而且我们其实是比较扁平化的管理方式,业务主要还是总编室在管。我们当时的状态就是采访部主任就是报选题什么的,时不时采访部主任去催一下进度,就是那种状态。

【采访者】明白,你当时有竞争对手吗?

【S】没有。

【采访者】你管的这个部有多少人呢?

【S】我们对外部是个比较冷门的部门,当时有三个人。

【采访者】三个人,其他两个人大概是个什么状况、什么条件?另外两个人都是90后小年轻吗?

【S】有一个我跟你说的同事,还有一个是谁我都忘了。

【采访者】你说的同事就是你现在的竞争对手是吧?

【S】对。

【采访者】他是多大年纪?

【S】83的,男的。

【采访者】好,所以你是2015年提的,如果把生孩子放在2009年参加工作到2016年之间的话,你觉得对你的晋升节奏会有影响吗?

【S】肯定有影响,可能就会升得比较快。但是我又受到杨洪涛的影响,因为杨洪涛是2017年提的。采访部主任也不可能说是你刚当上,然后就马上提,因为其实你工作八九年后提副总编算是一个比较理想的状态,也算是正常的晋升节奏。但是正好2017年然后杨洪涛提了,我就比较受影响。

【采访者】明白,副总编听上去我怎么觉得像社领导的职位,他其实是个中层是吗?

【S】中层。

【采访者】副总编其实是可以有好多个的。

【S】对,按正常配的话,分社可以配三个副总编、一个常务,我们现在是两个副总编、一个常务。

【采访者】你们还可以再配一个。

【S】对。

【采访者】明白了,你们分社总共有多少人?

【S】分社记者的话有 30 个人,加上行政人员的话有五六十人。

【采访者】行政包括销售部门吗?

【S】不包括营销部门的,他们都已经公司化管理了。

【采访者】明白,你们现在的考核有什么变化吗?就是说你工作 11 年来考核标准和绩效有什么变化吗?

【S】有,以前的话,我印象中,工作头几年好像是没有新媒体的,可能也有但我不知道。2010 年的时候,我们总社成立了新媒体中心,那个时候可能是有考核的,但是比较少。到现在这几年的话,单位对新媒体的考核量就越来越大,包括对内的有些媒体,对外,对海外宣传这一块,也要求新媒体。海外媒体包括在推特、脸谱网发稿。

【采访者】像这种绩效考核制度,你能给我一些资料吗?比较具体的,比如说像你说的稿子发到哪儿、绩效多少,然后没有新媒体之前,纯传统媒体的时候视频内容大概要几小时,是怎么算的。有没有什么材料资料能发我一下?

【S】我们每一年考核的文件都比较长,可能不方便提供。

【采访者】明白,不用太长,比如说精简一点的,像你刚才说的,或者举个例子好了,你拿你某一个月的,就不用说你自己了,或者你同事或者你自己就是化名某个人某一个月的绩效的构成部分,可能某一部分是属于传统的文字的,某一部分是属于新媒体的,然后新媒体里面大概包括了哪些渠道、哪些平台,有没有一个这样比较具体的东西?

【S】是这样,我们的考核是按年来算的,因为他每个月你的工作量还是不一定的。搞新闻么,他不可能说是你一个月需要用多少,你这一年把它完成就行了。我们的工作划分得很细,而且包括我们有一些承担的特殊的任务,我恐怕这一块我也没法跟你说,你要说新媒体这块,我可以查一下,我可以稍后电话告诉你。

【采访者】好的。我们接着问开场的问题的后半部分,我们说12年一个轮回,你觉得总结来说,你在职场的晋升的过程中有没有碰到过几个大关或者是几个比较大的问题,然后你是怎么解决的?

【S】我就两个大关,一个大关就是生孩子。而且一方面当时是杨洪涛,我们俩是2014年结的婚,结了婚之后领导也很为难,因为我以前也听其他领导说过,说是领导又想用我,又想用洪涛,领导也很难办,2017年的时候,洪涛那年是提了,然后我那年怀孕了,那年生孩子,我就不可能提了。而且按我的体系的话,我应该也是要在杨洪涛之后提的,2018年时领导就考虑提我,但是那一年出了一个回避政策。

【采访者】回避政策还不是一直都有的?

【S】不是。当时中央对我们都有一个巡视,总社有个巡视,然后提出来这么个问题,就要求我回避,所以这个政策一直影响我到现在,我的大关就这两个方面。你说我怎么处理?我也没办法,我不能因为这个就离婚,那就只能这么熬着,我在想办法解决。要不然就是有一个人离开,去其他单位,可能要去地方,我要想想办法解决。

【采访者】对你的工作积极性会有打压吗?

【S】肯定是有影响的。我工作11年了,在分社的话,我们不是一个什么发达地区的分社,比如说以我的工作表现,我早就应该提了,但是我还一直迟迟在记者岗位上,我们也有关于本部的考核,每一年记者光下乡天数就起码要保证三个月。贵阳以外和贵州省之内想下乡的就报名。我在生了孩子之后跑不动了。

【采访者】对,这个有年龄要求,但是老一点的员工怎么办?50多的也得跑?

【S】50多的员工考核上可能稍微降低一些标准吧，而且年纪大的人都无所谓了。

【采访者】这种考核除了下乡天数，还有啥比较具体的硬性的指标吗？

【S】说到每年完成的任务，每年要有几条人物专访。新媒体每年稽查就会看你有没有发稿子，采访有没有弄。我理想的工作状态是想在家待着就待着，想出去就出去，压力不要那么大，但是没有这样的工作。

【采访者】明白。如果以前没有这些什么新媒体，什么海外媒体比如脸谱网和推特的发稿任务，你们纯做文字记者的时候，是不是其实是更简单，精力会更集中一点？

【S】也不能说更简单，其实这个也不能说是忙，只不过做传统的新闻采编我更顺手，更得心应手。做传统媒体我比较占优势。像年轻的记者，他一进来他就熟悉新媒体，他出去就会拍，或者说就会用到那些新媒体工具，我们就没有经过这方面的训练，做起来还是比较吃力一些，那你能说年轻人就比我们干得好吗？只能说各有所长，整体看的话还是老记者做得更好。可是单位考验的不光是员工技术层面的东西，它是综合考核的，我们会从深层次思考问题，会发挥交际能力和人脉关系。这些方面年轻人肯定是跟老员工没有办法比的，所以不能说传统媒体记者工作起来就一定吃力，也不是。

【采访者】明白，其实技术都是最浅显的东西，还是要有更深层次、更有价值的能力才能用好这个技术，洪涛是哪年进你们单位？跟你同年吗？

【S】跟我同年进的。

【采访者】你俩其实在这种男性跟女性的职场竞争中还蛮有可比性，你觉得他的这种晋升道路上的烦恼和困扰，或者说要提升的能力跟你比的话是完全相同的，还是其实是有些差异的？

【S】我跟他结婚之后就处处受限，就是因为他受限制，对，就一直处于这种状态。

【采访者】如果你俩不是夫妻而是同事,会有竞争关系吗?

【S】那是肯定的。

【采访者】竞争的话,你觉得你俩各自的优势是啥?如果是不是夫妻,纯竞争。

【S】他各方面能力都是都很强的,如果论资排辈,他有可能排在我前面,因为他从当年提干到现在都是分社最年轻的中层。

【采访者】明白,我刚才问你,你说你经历了两大难关。以你对他的了解,他在工作这11年中有没有经历什么大坎?

【S】他的大坎是在2011年出了车祸,差点不想干了。

【采访者】采访的时候?

【S】对,工伤。

【采访者】那个时候真的不想干了?

【S】命都快没了谁还想干。

【采访者】2012年那时候你俩还没在一起。

【S】2011年,没有在一起。

【采访者】这种工作的风险系数让他对职业生涯产生了质疑和怀疑。

【S】而且毕竟当年来贵州工作的时候,这里的条件也比较差。

【采访者】贵州条件确实不好,你对这种工作地区的艰苦条件,包括自己的工作也很辛苦,你为此动摇过吗?

【S】有,我不是以前跟你说过吗?

【采访者】对,我想是有的。在走跟留的这种思想斗争过程中,就是你自己的这种实践理性是靠什么做出判断的?最后做出决策的过程是什么样的?

【S】不是,还是因为出于对事业的热爱,我就特别喜欢这个工作,要说换一个其他的也行,但是我觉得我还是喜欢这份工作,也是因为这个才留了下来。

【采访者】行。我最后最想问的是你跟现在的同事的竞争。如果客观分析的话,他是男的,你是女的,包括我想从另客观层面抛开男女,你觉得你俩的竞争格局大概是个什么样的态势?以及这种从男女性别方面来看,你觉得你的领导力,就是你晋升的潜力大概是个什么样的态势?

【S】咋说呢?还有一些涉及分社的,我就说这次的投票我好像跟你说了,他票数太低了,然后那个事情就暂缓了。

【采访者】他票数低是因为什么?因为他业务不够好,不够服众?

【S】对,肯定你得业务过关。他来了之后,这些年就业务上没有靠前过,基本上都是中不溜那种,没有出过彩。

【采访者】实在太差了也是。

【S】但是这个东西也要看,因为不管是新闻单位还是在政府部门选拔干部,并不是说是你这个人业务能力突出他就会选你,我觉得也不能说是因为人家说什么明年考核不行,然后就把它给否了,每个人还是有每个人的长处。而且如果说他真的提起来,也不见得人家就干得不好。

【采访者】除了业务之外,你觉得还有什么素质比较重要?

【S】除了业务之外,在传统的机关事业单位里面为人处世还是要稳当,性格在太偏激或者说太有个性都是不好弄的,就是要有大局观,有一些东西要能忍,也要能让。

【采访者】这点上女性是不是弱势一点,先天的弱势,女性更感性化一点。

【S】我觉得没有,这是一个逐渐成熟的过程。

【采访者】对,这倒是,是个成熟的过程,没错。我觉得你现在就比以前变了很多了,现在你就稳了很多,但我不知道和你竞争的那个男同事是不是更稳。

【S】他话特别少,那个小伙子话很少的。

【采访者】我看10年对你来说有里程碑式的意义,我知道你对自己也是要求很高的,是很有追求的人,如果说要提高自己的话,你觉得你现在的短板是什么？

【S】首先业务上跟人家优秀的员工比肯定还是差距很大的。

【采访者】具体来说是写有深度的稿子还是调研？

【S】对，就是业务，搞业务肯定这个是东西是无止境的，你越优秀肯定越好是吧？运营体系也就站得更稳，对，底气越足，也不用怕什么，我的能力在这摆着，这个能力也是多方面的。一方面是业务能力，另外一方面就是为人处事沟通的能力，包括领导的能力。就是说管理这方面我要学的还有很多，这些年我干的都是纯业务工作，至于怎么样在一个单位里面管理那么多人，又是另外一个话题，是需要不断学习的。

【采访者】比如说我知道新华社系统是一直很崇尚业务能力的，很推崇那些业务非常好的人，如果有一个领导很会管理，但业务没有拿得出手的，之前也没有什么丰功伟绩，这种人你们能服气吗？能够管理好你们吗？

【S】但人家要当了社长，你不服也没办法。

【采访者】就是行政权力是吧？

【S】对，所以说竞争是相对而言的，就是说你跟他条件差不多或者差距不是很大的时候，就会形成一种竞争的关系，有可能就会不服气。但是如果说他一旦和你差距很大，那就不存在竞争关系了，你就听话就行了，人家能上去，肯定是有他的过人之处的，不然也不能走那么远。

【采访者】所以说如果他是社领导，他没啥业务能力，但是他上去了你们是服的，但是如果他是现在你们部门的领导，或者是采访主任，这是不容易服众的是吧？

【S】肯定了，既然你做着管着业务这块，你自己在业务上首先就得过硬，如果说是已经到了分社的这种层面，不光是业务，还要有很多其他能力，人家在其他方面能做好各种平衡，管理弄得很好，而且差距太大，也就不存在这种讨论了。

【采访者】明白,就像我们跟迪丽热巴一样,就没有什么可以妒忌的了是吗?

【采访者】比如像你们分社,比如说你们的内容产出除了往总社报,你们在当地有自己的出口吗?

【S】我们就是从总社出,我们管理非常严。

【采访者】是不允许还是说你们自己没有能力拉到出口?

【S】不是,不允许。

【采访者】没有别的出口,你们销售部门销什么呢?

【S】它们有,但是它们不属于分社,它们卖广告。它们会有一些刊物,可以和地方合作,可以订阅,包括地方领导的一些文章或者地方的材料,包括××单位客户端,都是采取这种方式经营的,它就可以挂一些县里的稿子,可以开展合作。但是我们是不行的,我们的稿子就是发给总社的。

【采访者】明白了,等于其实你们的销售也算是总社销售的一个分支。

【S】它是总社垂直管理。

【采访者】明白了。好,行。我看你婆婆也一直在叫你,你看最后有什么要补充的?关于我们这个话题有没有什么你的想法?我们这个议题的中心问题在于这种媒介性技术的变迁,其实媒介技术的变迁也伴随着我们生活方式的变迁,包括媒介内容生产的变迁,在变迁过程中对我们产生了什么样的影响变化,然后就是媒介从业的女性是怎么通过相应地制定策略来完成自己的提升,然后往上晋升的。

对,我确实得细化,大概就是从传统媒体到媒体融合的过程中,你是用什么策略来提升自己并往上晋升的?但是我知道这个背景,你最后跟我说的意思其实有点牵强,如果没有媒介变迁的背景的话,你的晋升策略也是差不多的,对吧?其实对你来说可能影响没有那么明显,但是我们现在要的是找到那么细微的一点点,就是在媒体融合过程中对你这个晋升策略产生一点点影响的因素。这一点点因素就是我们议题的立足点,我们就这么一个点去做分析。但是如果泛泛地去聊这个话题,你可能又聊不出来这个点,所以我们只能能从大面上问了你很多问题,我们回去再仔细地捋一捋。如果现在让你回想的话,有没有一些不是在工作场景,就是你日常生活中刷公众号,或者是看一些短视频,或者看直播时对你的思维和工作实践的方式产生影响融媒体?

【S】其实说到底就是这个社会不是一成不变的,一直在变化就是最大的不变。对,所以其实我们也正好赶上了这个时代,它让你不停地努力跟上它的节拍,跟上它的节奏,不然你也会被这份工作抛弃。我觉得总结下来,怎么跟上?首先就是要学习,包括总社,其实说起来总社对我们也是做了很多很用心的培训,我刚才说的包括去年我去杭州二更学院学习,还有参加过一个为期 6 天的短视频的培训,这些让我印象还是挺深刻的,而且我还关注了培训班的公众号,当时也看了大量视频。

【采访者】这个是你们单位给你们组织的吗?

【S】我们总社组织的。

【采访者】好,你继续。

【S】我认为学习对一个媒体人来说是非常重要的。还有就是既然现在我还在采编的岗位上,不管怎么说,不管你工作 11 年也好,工作 1 年也好,都得努力去适应环变化,努力去完成本职工作,不能自暴自弃。总社也在调整对我们的策略,以前我觉得只有摄像机拍出来的东西单位才会用,我们这种用手机拍的视频和照片的像素太低,是不能被采用的。像前段时间有一个短视频,别人提供给我们,只有三兆,就是几张照片拼出来的,像素太低了,但因为它的内容是个突发事件,就是着火了,这种情况下让你突然去拿个什么专业设备认真拍摄也不可能,最后这个投稿还是被采用了。从这件事可以看出,我们记者在调整自己的工作方式,是这样的。而且那个事情之后,其他的公众号也对这个低像素视频进行了转发,影响还挺大的。所以话不管怎么样,作为媒体人,都要努力完成本职工作。

还有一点是分工合作,像我前段时间跟分社刚入社一年的一个同事合作拍摄,他就可以用相机拍,拍出来的短视频和照片都挺好的。我俩打配合,各自发挥己长,我可以弄一些有深度的内容,然后给他指点把关,他则可以弄这种比较新潮的玩意儿,我觉得这样挺好的。包括我们现在出去都经常都是和摄影部门或电视部门的同事一起的。

【采访者】反正以前你们××单位一根笔杆子就能走天下,各种微服私访,现在借用你们有深度、有内核的内容,然后再借用新媒体的形式,互相取长补短,可能能达到更好的效果。

【S】对,因为一个人要做到什么都会,面面俱到,也不太可能。对,就可以通过这种合作的形式得到自己想得到的东西。